행복한 진로교육 멘토링

행복한 진로 교육 멘토링

(십대들의 미래를 바꾸는 교사를 위한 진로 교과서)

[행복한 교과서®] 시리즈 No.09

지은이 | 김성효
발행인 | 홍종남

2014년 8월 15일 1판 1쇄 발행
2015년 10월 9일 1판 2쇄 발행
2019년 6월 10일 1판 3쇄 발행(총 4,000부 발행)

이 책을 만든 사람들
책임 기획 | 홍종남
북 디자인 | 김효정
교정 교열 | 좋은글
출판 마케팅 | 김경아

이 책을 함께 만든 사람들
종이 | 제이피씨 정동수 · 정충엽
제작 및 인쇄 | 천일문화사 유재상

펴낸곳 | 행복한미래
출판등록 | 2011년 4월 5일. 제 399-2011-000013호
주소 | 경기도 남양주시 도농로 34, 부영e그린타운 301동 301호(다산동)
전화 | 02-337-8958 팩스 | 031-556-8951
홈페이지 | www.bookeditor.co.kr
도서 문의(출판사 e-mail) | ahasaram@hanmail.net
내용 문의(지은이 e-mail) | sabana@jbedu.kr
※ 이 책을 읽다가 궁금한 점이 있을 때는 지은이의 e-mail을 이용해주세요.

ISBN 979-11-950214-6-8
〈행복한미래〉 도서 번호 027

:: [행복한 교과서®] 시리즈는 〈행복한미래〉 출판사의 실용서 브랜드입니다.
:: [행복한 교육학®] 시리즈는 〈행복한미래〉 출판사의 교육학 브랜드입니다.

십대들의 미래를 바꾸는 교사를 위한 진로 교과서

행복한 진로교육 멘토링

김성효 지음

행복한미래

|프롤로그|

'진로 교육'이라고 쓰고, '삶'이라고 읽는다

꽤 오래전 일이었습니다. 갖고 싶은 것도, 하고 싶은 것도, 이루고 싶은 꿈도 없이 그저 눈을 뜨면 하루가 시작되고, 눈을 감으면 하루가 끝났습니다. 먹지 않고 자지 않아도 금방 충전되는 젊음이 거추장스러웠던 저는, 그때 스무 살이었습니다.

그러던 어느 날, 전공수업 시간에 교수님이 자유주제로 수필을 한 편 써오라는 숙제를 내주었습니다. 학교에 간신히 이름만 올려놓고 다니는 둥 마는 둥 하던 중이었는데, 웬일인지 그 글쓰기 숙제가 맘에 들어, 집에 가서 단숨에 B4 용지 1장을 앞뒤로 빽빽하게 글을 써내려갔습니다. 저는 그 글로 단번에 당시 문학을 지도했던 교수의 눈에 띄었습니다.

그는 다짜고짜 물었습니다.

"네 꿈이 무엇이냐?"

꿈? 처음 듣는 말처럼 생소했습니다. 그때의 저에겐 꿈은커녕 제대로 된 삶도 없었기 때문입니다.

"꿈이 없다면, 지금 가져라. 너는 무조건 글을 써야 한다."

교수님은 제 눈을 똑바로 들여다보며 그렇게 말해주었습니다. 그 전의 나에게는 있었는지조차 몰랐던 재능, 그 재능을 처음으로 누군가가 봐준 것이었습니다. 인생의 터닝 포인트가 찾아온 순간이었습니다. 그는 마음껏 글을 써보라고 하면서 B4 용지를 한 묶음 내주었습니다.

묵직한 종이를 받아드는 순간, 무척 낯설고 생경한 느낌이 가슴 밑바닥에서 솟구치는 것이 느껴졌습니다. 그것은 바로 설렘이었습니다. 펜을 들면 설명할 수 없는 두근거림이 가슴 저 아래서 꿈틀대며 올라왔고, 뭔가 좋아하는 일이 있다는 게 그렇게 행복할 수가 없었습니다. 그날부터 교수연구실에 이틀이 멀다하고 찾아갔습니다. 밤새 쓴 글을 보여주면, 그는 빨간 플러스 펜으로 교정한 후 돌려주었습니다.

복잡한 미사여구에는 전부 빨간 두 줄이 그어졌습니다. 그전까지만 해도 '하늘은 파랗다'보다 '문득 올려다본 하늘이 파래서 가슴이 시렸다'는 문장이 더 좋다고 믿었으나 그런 문장은 전부 빨간 두 줄짜리였습니다. 현학적인 수사(修辭)도 필요 없고, 미사여구도 아니고, 오로지 깔끔하고 정갈한 글만 오케이였습니다. 한 편의 글이 통과하기까지는 그렇게 몇 번이고 고쳐 써야 했습니다.

매일 한 편씩 수필을 썼고, 일주일에 한 권은 책을 읽고 독후감을 써야 했는데, 결코 즐겁기만 한 일은 아니었습니다. 때로는 너무 혹독한 비판에 연구실을 나서면서부터 눈물이 뚝뚝 떨어지기도 했고, 글에 감정만 있고 논리가 없다고 호되게 야단을 맞기도 했습니다. 그렇게 졸업할 때까지 꾸준히 글 쓰는 연습을 했습니다.

그는 바쁜 삶을 쪼개어 꾸준히 글을 봐주었고, 좋은 글을 써갔을 때는 아낌없는 칭찬을, 노력하지 않고 나태해졌을 때는 또 그만큼의 꾸짖음을 주었습니다. 지금은 그 모든 것이 사랑과 애정이 없었다면 불가능한 일이었을 거라는 걸 잘 알고 있습니다. 그래서 그를 떠올릴 때마다 마음 깊이 감사합니다.

그는 저에게 인생을 다시 살게 할 힘을 준 사람이었고, 단 하나뿐인 스승입니다. 삶이란 누군가에게 많은 사랑을 빚졌을 때는 그것을 다른 누군가에게 되갚아야 하는 것이라고 생각합니다. 그래야 인생이 공평하고, 세상이 살 만한 것이 되는 것이라고도 믿습니다. 지금 저는 아이들에게 매일 조금씩 그 빚을 대신 갚아가고 있습니다.

가끔 인생의 시계를 거꾸로 돌리는 상상을 해보곤 합니다. 방황하던 시절, 그 교수님을 만나지 않았더라면 아마도 지금의 저는 전혀 다른 삶을 살고 있을 것입니다. 만약 그랬다면 저는 좋은 교사가 되고자 하는 욕심도 없었을 것이고, 좋은 글을 쓰는 작가가 되어야겠다는 생각도 없었을 것입니다. 그리고 어쩌면 교사가 되지 않았을 수도 있을 것입니다.

제 가슴에 "작가의 꿈"이라는 씨앗을 뿌린 스승 덕분에 저는 교사이면서도 작가로서의 꿈을 잊지 않고 살았고, 결국 15년이란 시간이 흐른 다음 《학급경영멘토링》과 《기적의 수업멘토링》 두 권의 책을 내게 되었습니다. 저는 그런 시간을 거쳐 교사가 학생의 가슴에 꿈의 씨앗을 뿌린다는 것을 배웠고, 교사가 꿈이 없다면 아이들에게도 비전을 이야기할 수 없다는 것을 깨닫게 되었습니다.

그래서 좋은 스승은 "꿈의 씨앗"을 뿌리는 일을 하는 사람이라고 굳게 믿습니다. 교사는 누군가의 삶을 바꿀 수 있는 힘을 가진 사람입니다. 그래서 자신의 삶을 소중하게 생각하고 꿈을 키워가야 하며, 아이들과 꿈에 대해 자주 이야기 나누고 삶과 진로에 대해 늘 고민하는 사람이 되어야 한다고 생각합니다.

우리가 만나는 학생들은 저마다 잘하는 것도 다르고 싫어하는 것도 다르고 하고 싶은 것도 다릅니다. 이 아이들이 각자의 길을 잘 찾아가는 것처럼 중요하고 어려운 일도 없습니다. 결국 교육이란 아이들이 배움을 통해 성장하고, 자신의 가치를 찾아내고 실현해가는 것을 돕는 일이라고 생각합니다. 우리가 해야 할 일은 바로 그런 일들을 가능하게 만드는 것이고 말입니다.

꿈을 이룬다는 것은 정말 어려운 일입니다. 그럼에도 불구하고 결국 꿈을 이루는 이가 있다면 그것은 아마도 삶의 어느 순간에 뿌려놓은 꿈의 씨가 꾸준히 자라고 있었기 때문일 것입니다. 그런데 만약 아이의 가슴에 자라고 있던 꿈을 무심결에 던진 몇 마디로 꺾어버린다면, 그것은 교육이라는 이름 아래 일어나는 가장 안타까운 일일 것입니다.

그러므로 그 누구보다도 교사가 꿈의 소중함을 알아야 한다고 지금 이 순간도 생각합니다. 결국 아무리 좋은 정책이나 제도도 교사가 교실에서 풀어내지 못한다면 그것은 무용지물이기 때문입니다. 선생님의 가슴이 꿈과 비전으로 뜨거워지길 소망합니다. 그래서 자신의 퍼스널 브랜드를 만들어가고, 아이들과 꿈을 이야기 나누는 선생님이길 간절히 기도합니다.

이제는 꿈을 잃은 청소년을 만난다면,
"살아있는 것으로 감사하라",
말해서는 안 됩니다.
"살아있다는 것은 꿈을 꾸라는 뜻이다. 호흡하듯이 꿈을 꾸어라"
말해주어야 합니다.

그렇게 끝없이 꿈을 꾸다보면 언젠가 반드시 그 꿈이 현실이 되는 날이 온다고 믿게 해주어야 합니다. 그러기 위해서는 교사 자신이 먼저 꿈을 품어야 하고, 그 누구보다 꿈을 이루고 싶은 소망이 간절한 사람이 되어야 합니다. 교사 한 사람이 변화되면 그 여파는 수십 명, 많게는 수백 명에게 이르는 파급효과를 가져옵니다.

이는 교사가 곧 이 땅의 희망이라는 증거이고, 답입니다. 교사들이 함께 꿈을 꾸면서 앞으로 나아가길 소망합니다. 교사들은 교실에 고립된 외로운 존재가 아니라, 같은 길을 함께 걷는 친구들이기 때문입니다. 손잡고 함께 걷는 모든 선생님들의 꿈이 이루어졌으면 좋겠습니다.

이 책은 책 전체가 하나의 프로젝트입니다

이 책은 교사를 위한 4단계 Dream of Dream 진로 교육 프로젝트로 구성되어 있습니다.

진로 교육의 첫걸음은 자신을 이해하고 탐색하는 단계입니다. 책에서도 먼저 대한민국 공교육의 현실을 짚어보았습니다. 이를 위해 전북 교육청에서 이야기하는 4틈(놀 틈, 쉴 틈, 꿈꿀 틈, 관계 맺을 틈)이 없는 교육 현실에 대해 이야기해보았습니다. 대한민국 교실은 무슨 꿈을 꾸고 있을까 함께 생각해보면 좋겠습니다.

한 여론 조사[자료 : 두잇서베이(2014.02.05.~12), 5,014명 대상(95% 신뢰수준)]에서는 한국에 다시 태어나고 싶지 않다고 응답한 비율이 56.9%였습니다. 무엇보다 우리 모두가 한국인으로서의 자존감을 찾는 것이 시급한 실정입니다. 이에 두 번째 파트에서는 학생들에게 꼭 가르쳐야 하는 인생의 중요한 여러 가치들을 자랑스러운 한국인의 삶을 통해 이야기했습니다. 삶의 경험이 짧은 학생들에게 배려, 성실, 나눔 같은 추상적인 가치들은 교과서를 읽는 것만으로는 이해하기가 무척 어렵습니다. 그래서 삶을 통해 실천하는 방법을 살펴봐야 합니다. 학생들이 한국인으로서의 긍정적 자존감을 여러 인물의 삶을 통해 얻고 이를 바탕으로 꿈을 이루기 위한 키워드를 찾아내기 바랍니다.

세 번째 파트에서는 꿈을 이루는 방정식을 학습과 비전 두 분야로 풀어보았습니다. 학생들이 공부의 꿈을 이루기 위해서 배워야 하는 것들과 교실에서 실천할 수 있는 비전 교육 방법을 제시했습니다. 많은 선생님들이 진로 교육을 어렵게 느끼는 것을 잘 알기에 쉽고 재밌게 실천할 수 있는 내용으로 쓰기 위해 노력했습니다. 선생님들의 좋은 아이디어를 덧붙여 꿈꾸는 교실을 만들어보셨으면 합니다.

마지막은 꿈꾸는 다른 교사들을 통해 바라본, 교사 자신의 진로 세우기로 사람이 꿈을 꿀 때 세상을 바꿀 수 있다는 것을 보여준 여덟 선생님의 이야기입니다. 자신 있는 분야를 특화시켜 스스로 퍼스널 브랜드를 만든 선생님들의 스토리이기 때문에 책을 읽다보면 선생님들의 가슴에도 열정의 불이 피어오를 것이라고 믿습니다.

진로 교육이라고 쓰고 삶이라고 읽는다

고백하건대 진로 교육은 전문가만 할 수 있다는 생각이나 현장에서 아무리 노력해봐야 달라지는 것이 없다는 교사의 생각이야말로 우리가 넘어서야 할 진로 교육의 많은 벽들 중 하나입니다. 진로 교육이 곧 삶이기 때문입니다.

그동안 교육 현장에서는 진로 교육이 어렵고 복잡한 것이며, 진로 교육은 곧 진학 지도라고만 생각해왔습니다. 그러나 우리의 삶 전체가 교육이고 공부이듯이, 진로 교육 또한 우리가 교실에서 실천할 수 있는 작고 사소한 것부터 큰 것에 이르는 모든 것일 수 있습니다.

진로 교육을 어렵게 생각하는 분위기가 먼저 변해야만 학생과 교사의 삶에 진로 교육이 뿌리 내릴 것입니다. 그러기 위해서는 진로가 곧 삶이라고 생각하면서 꿈과 위인, 성공과 인생의 가치를 자연스럽게 자주 이야기하는 분위기가 사회 전반에 걸쳐 만들어져야 합니다.

분명한 것은 평범한 사람이 꿈을 꿀 때 세상이 바뀐다는 것입니다. 또한 같은 꿈을 꾸는 이가 많으면 많을수록 세상은 좀 더 빨리 달라질 수 있습니다. 꿈을 품은 아이들과 교사가 많아진다면 아마도 우리 교육은 지금과는 전혀 다른 모습으로 거듭날 수 있을 것이라고 확신합니다.

선생님의 말 한 마디가 아이들의 꿈을 키울 수도 있고, 그 꿈을 꺾어버릴 수도 있습니다. 그래서 우리는 함께 고민하고 노력해야 할 것입니다. 이 책을 통해 많은 이들의 가슴에 세상에서 가장 힘 있는 단어, "꿈"이라는 씨앗이 뿌리내리길 소망합니다.

차례

|2부|

한국의 인물에게서 배우는 리더십 키워드 • 058

|3부|

교실에서 실천하는 진로 교육 전략 4가지 • 100

|4부|

꿈의 길에서 만난 사람들 : 세상은 사람이 꿈을 꿀 때 바뀐다 • 176

1부

대한민국
교실에는
'4 틈'이 없다

01

학부모, 학생, 교사 모두에게서 사라진 '4 틈'

아이들이 모두 집에 가고 난 빈 교실,
대한민국의 교실은 무슨 꿈을 꾸고 있을까요?

얼마 전 공교육에 대한 정책 토론을 하는 자리에서 우리나라는 입시교육이 곧 입사교육이라는 말을 들었습니다. 그런데 이 말에 누구 하나 반박하지 않고 고개를 끄덕이면서 씁쓸하게 웃었습니다. 지금의 대한민국 교육을 그보다 더 잘 설명하는 말이 또 있을까요? 우리는 왜 이렇게까지 좋은 대학, 좋은 직장을 고집하는 것일까요? 진로 교육을 이야기하기 위해서 우리가 처한 현실을 먼저 살펴보고자 합니다.

2013년 대학교육연구소에서 발표한 자료에 따르면 우리나라 정부 예산에서 교육비는 45조 8,905억 원으로 전체 예산의 16.2%를 차지하고 있습니다. 특히 OECD에서 발표한 '2013 OECD 교육지표'를 보면, 한국은 국내총생산(GDP) 공교육비 비율이 7.6%였습니다. 여기서 중요한 것은 국가가 공교육비를 많이 부담해줄수록 민간에서 들어가는 공교육비가 줄어든다는 것입니다. 우리나라 공교육비 비율은 4.8%로, 민간이 나머지 2.8%를 부담했습니다(OECD 평균은 0.9%였습니다.).

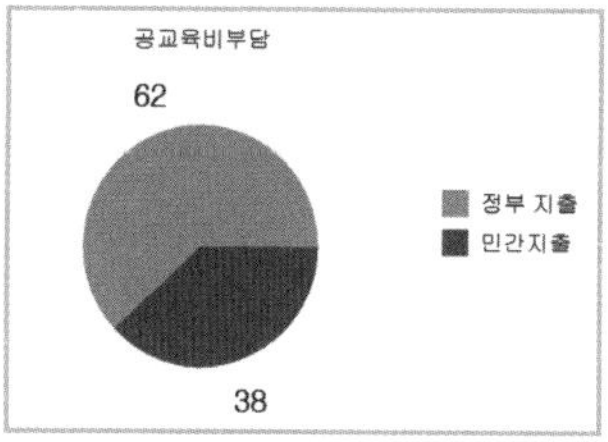

즉, 공교육비만 놓고 보면 전체 공교육비 중 정부와 민간이 부담하는 비율이 62대 38로 민간 지출이 정부 부담의 절반을 넘어섰습니다. 따라서 민간 부담 공교육비 비율이 그만큼 크기 때문에 이것은 고스란히 가계의 몫이 될 수밖에 없는 것입니다.

게다가 다음 표를 살펴보면 우리의 아동 복지가 생각보다 심각하게 낮은 수준이라는 것을 알 수 있습니다. 2011년 장애인 26만 6,806원, 노인 85만 933원, 영유아 82만 6,275원에 비해 아동에게 들어가는 복지 지원은 2만 원을 겨우 넘은 수준으로 현저하게 낮습니다.

▲ 2011 **복지 지출 현황**(단위 : 원)

	장애인	노인	영유아	아동
복지 비용	266,806	850,933	826,675	20,019

자료 : 보건복지위원회, 「예산안 및 기금운용계획안 검토보고」, 각 년도

▲ **OECD 주요국 GDP대비 분야별 복지지출 추이 비교**(1990~2009년)

국가명	분야구분	1990년	1995년	2000년	2005년	2009년
미국	노인	5.2	5.4	5.1	5.3	6.1
	장애인	1.0	1.2	1.1	1.3	1.5
	아동가족	0.5	0.6	0.7	0.7	0.7
프랑스	노인	9.2	10.6	10.5	1.09	12.3
	장애인	2.1	2.1	1.7	1.9	2.0
	아동가족	2.5	2.7	3.0	3.0	3.2
영국	노인	4.8	5.5	5.5	5.9	6.7
	장애인	2.2	2.9	2.5	2.3	2.9
	아동가족	1.9	2.3	2.7	3.2	3.8
일본	노인	4.0	5.2	6.8	8.6	10.4
	장애인	0.6	0.7	0.7	0.7	1.0
	아동가족	0.4	0.5	0.6	0.8	1.0
한국	노인	0.6	1.1	1.3	1.5	2.1
	장애인	0.3	0.4	0.4	0.5	**0.6**
	아동가족	**0.0**	**0.1**	**0.1**	**0.5**	**0.8**
스웨덴	노인	8.6	9.8	9.1	9.4	10.2
	장애인	5.5	4.9	5.1	5.5	5.0
	아동가족	4.4	3.8	3.0	3.3	3.7
OECD평균	노인	6.0	6.4	6.4	6.6	7.3
	장애인	2.3	2.4	2.3	2.3	2.4
	아동가족	**1.6**	**1.8**	**1.9**	**1.9**	**2.3**

자료 : OECD(2012). Country Note, Database on Social Expenditure,
http://www.oecd.org/els/social/expenditure.

▲ **2013 OECD 국가별 교육 지수 현황**(OECD 국가평균=100)

구분		물질적 행복	보건과 안전	교육	가족과 친구관계	행동과 생활양식	주관적 행복
최하위국		미국	미국	오스트리아	미국	체코	대한민국
		80.5	76.9	75.0	80.5	82.7	72.5
대한민국		110.8	108.4	123.0	95.1	129.1	72.5
최상위국		119.2	116.9	123.0	120.1	129.1	117.2
		핀란드	스웨덴	대한민국	이탈리아	대한민국	스페인

그런데 OECD 국가별 교육지수 현황을 살펴보면 물질적 행복에 있어서만큼은 다른 나라에 비해 결코 뒤떨어지지 않는 상위권을 차지하고 있습니다. 이 부문은 학생이 교육을 받을 수 있도록 지원하는 물질적 부분을 말하는 것으로 상대적 비곤, 미취업 가정의 아동, 교육여건이나 문화적 결핍 등을 수치화한 것입니다.

즉, 국가의 공교육 예산을 통한 아동 복지 지원은 꼴찌지만 실제 아동이 공부하는 것과 물질적인 지원에서는 상위권에 있는 특이한 형태라는 것입니다. 바꿔 말하면 이는 곧 그만큼 민간의 교육비 지원이 크다는 것을 입증해주는 것이기도 합니다.

그렇다면 과연 민간의 교육비 지원에서 가장 큰 비중을 차지하는 것이 무엇일까요? 그것은 다름 아닌 대학등록금입니다. 2012년 세계에서 사립대학 등록금이 가장 비싼 나라는 아일랜드, 칠레, 미국, 그 다음이 한국이었고, 국공립대학 등록금이 가장 비싼 나라는 미국, 슬로베니아, 호주, 그 다음이 한국이었습니다.

가까운 지인 한 분이 자녀 셋을 모두 서울 지역 사립대학에 보낸 다음

다니던 직장을 그만 두고 그 퇴직금으로 학비를 대는 것을 보았습니다. 그는 "등골이 빠진다"는 말을 이해할 것 같다고 했습니다. 그에게는 평온한 노후도, 남아있는 은퇴 자금도 없었습니다. 그저 자녀 학비와 생활비 걱정에 다른 생각을 할 겨를도 없이 하루하루를 보낼 뿐이었습니다.

우리나라 고등학생들의 대학진학률은 2010년 이후 이미 80%를 넘어섰습니다. 이 또한 전 세계에서 가장 높은 수치입니다. 정리하면 공교육비 민간 부담이 큰 현실에서 열 명의 고등학생이 졸업하면 그 중 여덟 명 이상이 대학에 진학하는데 엎친 데 덮친 격으로 대학등록금은 세계에서 비싸기로 손꼽힌다는 것입니다. 그렇다면 왜 이렇게 많은 아이들이 대학에 진학하는 것일까요?

우선은 한국 사회에서 교육을 많이 받을수록 임금이 상승하는 효과가 크기 때문이며, 전통적으로 학문을 중요하게 생각하는 정서를 바탕으로 국민의 교육열이 높은 데다가 교육을 통한 신분 상승이 가능하다고 오랫동안 믿어왔기 때문입니다. 교육은 흔히 말하듯 개천에서 용이 나는 유일한 방법입니다.

그런데 지금은 이러했던 대한민국의 교육 구조가 달라졌습니다. 교육부는 통계청과 공동으로 실시한 '2013년 사교육비·의식조사'에 대한 분석결과를 2014년 2월 27일 발표했습니다. 전국 초·중·고 1,094개교, 학부모·학생 7만 8,000명을 대상으로 지난 2013년 6월과 10월 2차례 나눠 실시한 결과, 지난해인 2013년 사교육비 총규모는 2012년 대비 4,435억 원 줄어든 18조 5,960억 원을 기록했다고 합니다. 조금씩 줄어드는 추세라고는 하지만 이는 상상할 수도 없을 정도로 엄청난 사교육 시장이 이미 형성돼 있다는 뜻입니다.

사교육 시장이 거대한 규모로 성장하면서 단순히 공교육을 보충하는 정도가 아니라 거꾸로 학원과 과외를 통해 학교수업을 앞질러 나가는 학생들이 셀 수 없이 많아졌습니다. 이제는 초등학생이 중학교나 고등학교 수학 교과서를 풀고 있는 모습을 심심찮게 볼 수 있으며, 학부모들은 사교육을 받지 않으면 대학 입시에서 뒤처지는 것으로 이미 각인되었기 때문에 어떻게든 자녀들을 '더 공부시켜야 한다'고 믿고 있습니다.

2013년도 서울대 신입생 중 특목고와 자립형사립고에서 진학한 학생의 비율은 32.5%를 넘습니다. 또 일반고 출신 서울대 신입생 중 강남, 송파, 서초 등 이른바, '강남 3구'로 불리는 강남 지역 학생은 300명으로 신입생 중 14.7%를 차지합니다. 2014년에는 대원외고가 91명, 용인외고가 92명, 서울 과학고가 90명의 서울대 신입생을 배출했지만 전국적으로 살펴보면 일반고에서 서울대 신입생을 30명 이상 배출한 학교는 단 한 곳도 없었습니다.

이 정도면 더 이상 개천에서 용이 날 수 없는 현실이라는 것이 틀린 말은 아닙니다. 이런 현실에서 가정 형편이 어려운 아이들은 사교육을 받으면서 선행학습과 가종 과외 및 학원에서 '더' 공부하는 아이들을 따라잡을 수 없어졌습니다.

게다가 우리의 교육 시스템은 앞서 가는 아이들을 위해서는 우열반을 만들어 심화학습을 시키지만, 뒤에 오는 아이들을 위해서는 기다려주지 않습니다. 교육과정도, 학교도, 시험도 아이들을 기다려주지 않고 그저 같은 속도로 달려가도록 부추길 뿐입니다. 이제는 학교 교육을 통한 최소한의 배움의 기회마저 빼앗기게 되는 아이들을 우리가 어떻게 보듬어야 할지 고민해야 합니다.

교사가 할 수 있는 가장 위대한 일은 학생의 재능을 적시(適時)에 알아보고 그 재능을 끝까지 잘 키우도록 지도하는 것입니다. 교사에게서 그 역할을 빼앗아 다른 누군가에게 넘겨주었다면 그 사회는 이미 교육에 있어서만큼은 병든 것이 틀림없습니다.

이제는 전국 어느 도시를 가도 시내의 가장 좋은 자리에는 학원가(學園街)가 형성되어 있습니다. 아이들로 북적이는 학원가를 보면 가계 부채가 많다거나 경제가 어렵다는 것은 딴 세상 이야기 같습니다.

교육열이 높은 부모들은 아무리 힘든 상황에서도 아이의 교육에 관련된 일에서는 최선을 다하며, 아이가 어릴 때부터 관심을 가지고 노력합니다. 영아들을 위한 한글 학습지가 산후조리원에서부터 팔리고, 유아들을 위한 영어 유치원은 몇 달씩 줄을 서서 기다려야 겨우 대기 순위에 들어갈 수 있을 정도로 학부모들에게 인기가 좋습니다. 기러기 아빠, 아르바이트 엄마의 모습이 낯설지 않은 것은 우리 부모 세대가 그만큼 아이들을 위해서 열심히 살아왔기 때문일 것입니다.

그러나 공교육을 위협할 정도로 커진 사교육 시장, 자식의 사교육비를 대기 위해서 밤늦게까지 '더' 일하는 학부모, 하고 싶어서 하는 것이 아니라 시켜서 억지 공부를 하는 학생, 사교육 시장을 부추기는 입시제도, 이 모든 것은 한데 얽혀 공교육의 병을 더 깊어지게 할 뿐입니다.

2014년 정부에서 발표한 선행학습금지법은 이 연장선에서 해결책을 내놓은 셈입니다. 그렇지만 법 자체에 대한 기본적인 논란 이전에 대학 입시제도의 근본적인 해결 없이는 이 악순환은 고리가 끊어질 수가 없을 것입니다. 학원 광고를 금지한다든가 학교에서의 선행학습을 금지한다든가 하는 것으로는 학생들이 선행학습으로 공교육을 앞서고자 하는 생각을 멈출 수 없기 때문입니다.

학부모에게 학교 수업에만 의존하는 것은 불안하다고 믿어버리게 만든 우리의 교육 체제, 덕분에 더 많이 공부하고 교육 분야에서 세계 최고의 실력을 자랑하는 우리 아이들은 과연 이런 현실을 어떻게 생각할까요? 아이들의 생각을 들여다보기 위해 앞서 한국방정환연구소에서 발표한 연구 결과를 살펴보았습니다.

독자들도 결과를 짐작하실 것입니다. 2013년 OECD 국가 아이들 중 가장 덜 행복하게 느낀다고 대답한 것은 대한민국 아이들이었습니다. 이 영역의 평균 점수는 100점입니다. 1위는 스페인으로 117.23점, 가장 꼴찌인 우리는 72.54점입니다. 끝에서 둘째라고 해도 벨기에는 85.65점으로 꼴찌인 우리와는 무려 13점 넘게 차이가 납니다.

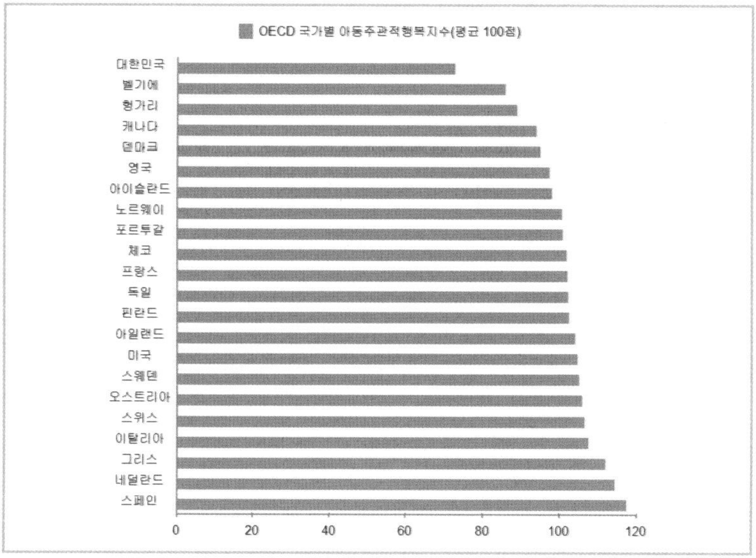

이는 앞서 2009년에 국가인권위원회와 연세대사회발전연구소에서 발표한 자료를 바탕으로 살펴봤을 때도 크게 달라진 바 없는 결과입니다. 한국 아이들의 주관적 복지의식(건강상태, 학교생활만족도, 개인적 복지 관련 인지도 등)은 5년 전인 2009년에도 꼴찌였습니다. 이제는 지난 5년이라는 시간이 흐르는 동안도 전혀 변함없이 꼴찌를 유지하고 있는 한국 아이들의 '덜 행복하다'는 생각에 주목해야 합니다.

우리는 그동안 세계에서 가장 공부 잘하는 아이들을 만들기 위해 너무 많은 것을 아이들에게 포기하도록 해왔습니다. 지금의 즐거운 어린 시절을 포기하면 나중에 행복하다고 믿도록, 어쩌면 우리 사회 구성원 모두가 아이들에게 강요해왔는지도 모릅니다.

학부모들은 높아진 사교육비를 대기 위해서 허리띠를 언제까지 졸라매야 하고, 아이들은 언제까지 스스로 행복하지 않다고 믿으면서 살아가야 하는지 생각할수록 안타깝습니다. 그렇지만 더 안타까운 것은 대학에 가는 것이 경쟁의 끝이 아니라 새로운 경쟁의 시작이라는 것입니다. 어렵게 벌어서 세계에서 손꼽히는 비싼 대학등록금을 내고 좋은 직장에 가서 행복하면 좋겠지만 상황은 결코 그렇게 간단하지 않습니다. 다음 장에서 다시 살펴보겠지만 아이들은 직장을 잡은 다음에도 자신의 삶에 만족하지 않습니다. 아이들에게는 아이들의 기준, 생각, 삶이 있기 때문입니다.

어른들의 생각을 바꾸지 않는다면 아이들에게, 그리고 우리나라에 미래는 없습니다. 쉴 틈, 놀 틈, 꿈꿀 틈, 다른 사람과 관계 맺을 틈은 아이들뿐 아니라 우리 어른들에게도 그리고 교사들에게도 너무나 중요한 부분입니다. 아이들과 학부모, 그리고 교사 모두가 쉬어야 하고, 놀아야 하고,

꿈을 꾸어야 하고, 올바른 관계를 맺고 함께 공동체를 만들어가야 합니다.

그것이 바로 교육을 바꾸는 시작이고 끝입니다.

02

쉴 틈이 없는 아이들 : 자고 싶어요, 쉬고 싶어요

"수요일의 나"

나는 수요일에는 학교 끝나면 바로 피아노 학원에 가야 한다. 피아노 학원 끝나면 바로 논술학원에 가야 한다. 논술 학원은 일주일에 두 번 간다. 논술 학원에 가는 날이 수요일하고 금요일이기 때문에 나는 수요일하고 금요일이 정말 바쁘다. 논술 학원이 끝나면 바로 영어학원에 가야 하는데, 영어학원에서는 수요일마다 시험을 본다. 단어 시험을 봐서 잘 못 보면 엄마한테 선생님이 바로 전화한다. 엄마한테 걸리면 꿱, 이다. 시험이 끝나면 바로 집에 가서 ○○○학습지 선생님을 기다려야 한다.

선생님보다 늦으면 엄마한테 혼나기 때문에 바로 가야 된다. 선생님 간 다음에 바로 밥을 먹고 ○○○학습지 숙제를 하고 나면 8시가 넘는다. 학교 숙제까지 하고 나면 너무 졸려서 책상에서 꾸벅꾸벅 존다. 꾸벅꾸벅 졸 때면 나는 닭이 된 것 같다.

이 글은 10년쯤 전에 가르친 재훈(가명)이라는 아이의 일기입니다. 중학교도, 고등학교도 아닌 초등학교 4학년짜리 아이가 쓴 글입니다. '바로'라는 단어가 일기에 무려 6번이나 등장하는 바쁜 스케줄, 수학학원, 논술학원, 피아노학원, 영어학원에 다녀온 다음에는 학습지 선생님과 1:1 과외를 해야 하고, 그러고 나서는 학교 숙제에 학원숙제까지 한다는 재훈이.

고작 11살짜리 아이의 삶이란 게 그런 모습이라니, 재훈이 일기를 읽고 난 다음 말 그대로 잠시 멍해졌습니다. 서울 시내 한복판도 아니고 지방의 작은 도시가 이럴진대 도대체 대한민국 아이들의 삶이란 무엇이냐 생각했습니다.

재훈이의 일기를 읽다가 가장 궁금했던 것은 도대체 저녁은 언제 먹나 하는 것이었습니다. 물어보니 보통은 학원에서 학원으로 이동하는 중에 떡볶이나 라면을 사먹는다고 했습니다. 그리고는 갑자기 생각났다는 듯 용돈 받는 날은 콜팝을 먹는다고 재훈이가 씩 웃었습니다. '콜팝'은 팝콘처럼 작은 닭튀김과 콜라가 한 컵에 들어있는 음식입니다. 집에서 해주는 따뜻한 저녁밥을 먹을 일이 일주일에 몇 번이나 될까 생각했습니다.

대충 콜팝이나 떡볶이로 저녁을 때우고 다음 학원으로 쏜살같이 달려가는 아이의 모습이 머릿속에 그려졌습니다. 늘 성의 없이 해오는 것으로만 생각했던 학교 숙제가 재훈이에게는 최선이었구나 하는 생각에 스스로 많은 반성을 하게 됐습니다.

재훈이 엄마와 상담을 했습니다. 특히 수업시간에 좀처럼 집중하지 못하는 것에 대해서 진지하게 이야기했습니다. 재훈이는 평소 수업 시간에 다른 친구와 잡담을 하거나 집중하지 않고 산만한 모습을 많이 보이는 아이였습니다. 어지간한 직장인보다 더 바쁜 생활을 하는 재훈이에게 쉴 틈이 있다면 거꾸로 학교가 아닐까 생각하니 그 행동이 이해되지 않는 것은 아니었지만, 주변의 다른 친구들에게 자꾸 방해가 되었기 때문에 이 부분에 대해서도 오래 이야기했습니다. 이야기 끝에 학원을 너무 많이 다니는 것 같으니 아이를 쉴 수 있게 해주었으면 좋겠다고 덧붙였습니다.

재훈이네는 맞벌이 가정이었고, 재훈이는 외동 아이였습니다. 아이가 하나뿐이라 재훈이 엄마는 재훈이의 학교생활, 성적, 교우 관계 등에 대해서 매우 관심이 컸습니다. 육아 서적을 수십 권씩 읽고 전문직으로서 직장에서도 승승장구하고 있던 재훈이 엄마는 재훈이의 일기를 읽었을 때 끝내 눈물을 흘리고 말았습니다.

울고 있는 재훈이 엄마의 손을 꼭 잡아드리면서 학교에서 열심히 노력할 테니까 아이의 마음을 조금만 헤아려주자 말하였습니다. 그렇지만 눈물을 닦고 난 재훈이 엄마의 이야기는 뜻밖이었습니다.

"선생님, 피아노는 6학년까지는 해야 중학교 때 수행평가를 잘 받을 수 있다고 하더라고요. 지금 체르니 30번 정도 치고 있으니까 조금만 더 치면 돼요. 재훈이가 싫어하는 건 아는데, 지금 그만 두기는 좀 아까워요. 여태까지 해온 것이 있으니까요.

그리고 논술은 앞으로 대학 입시에서 비중이 더 늘어난다고 하는데, 어떻게 지금 그만둘 수 있겠어요. 준비하려면 뭐든 초등학교 때부터 해야죠. 지금도 솔직히 재훈이가 잘 못 따라가서 힘들어하는데 이대로 그만두면 나중에는 더 힘들 거예요.

게다가 영어는 안 하는 애가 어디 있어요. 아파트 단지 언니들이 재훈이 다른 학원으로 옮기라고 안 그래도 자꾸 얘기했는데, 아무래도 학원을 옮겨줘야 할 것 같아요. 지금 학교 성적은 안 좋지만, 영어하고 수학은 학원에서 열심히 하고 있으니까 다른 것들도 금방 좋아지겠죠.

머리가 많이 나쁜 애도 아니고, 마음도 착한 아이니까 엄마가 하자는 대로 잘 따라와 줄 거라고 생각해요. 지금은 애가 어려서 좀 힘들어하지만 결국 이 시기 지나고 나면 엄마가 옳았다고 할 거예요.

선생님, 그러지 말고 선생님이 우리 재훈이 좀 잡아주세요. 재훈이가 선생님을 엄청 좋아하거든요. 선생님이 재훈이한테 학원 그만 두지 말고 끝까지 잘 버텨주라고 얘기 좀 해주시면 어떨까요. 선생님이 말하면 들을 거예요."

재훈이 엄마는 상담을 마치고 일어나면서 선생님만 믿는다는 말을 남겼습니다. 재훈이 엄마가 가고 난 빈 교실에서 한참을 혼자 앉아있었습니다. 재훈이의 휘갈기듯 써놓은 일기장이 교실을 타고 들어온 봄바람에 펄럭였습니다. 깊은 한숨이 새어 나왔습니다. 그날 제가 느꼈던 좌절감은 말할 수 없이 컸습니다. 교사가 학부모의 마음을 움직이는 것이 생각처럼 간단하지 않다는 것을 똑똑히 느꼈던 날이었습니다.

그 일이 있고나서 고민 끝에 "민들레반 방과 후 보충수업"을 시작했습니다. 학원 안 다니고도 잘 할 수 있다는 것을 학부모와 아이들, 그리고 저 자신에게 증명해보이고 싶었습니다. 공부 잘 하는 아이, 못 하는 아이 가리지 않고 희망하는 모든 아이들이 방과 후에 교실에서 각자 원하는 공부를 원하는 시간만큼 했습니다. 교사가 해주는 일이라고는 모르는 문제를 몇 개 풀어주는 정도였지만 아이들은 남아서 공부하는 것을 기쁘게 생각했고, 보충수업출석부를 만들어서 저희들끼리 출석을 부르기도 했습니다.

수업 시간에 배운 것을 매일 조금씩 다시 공부하는 것으로도 아이들의 성적은 조금씩 향상되었습니다. 그렇게 몇 달이 지나자 학부모들이 하나 둘씩 학원을 끊고 선생님에게 아이를 맡기고 싶다는 편지를 보내오기 시작했고, 스무 명 이상 남아서 공부를 하고 가는 날도 있을 정도로 방과 후 보충수업은 아이들에게 인기가 있었습니다.

그렇지만 재훈이 엄마는 다음 상담 때에도 학교만 믿기에는 아쉬움이 많다고 이야기했고, 오히려 학원을 바꿔가면서 몇 개를 더 늘렸습니다. 학원을 계속 바꾸어도 재훈이 성적은 좀처럼 나아지지 않았습니다.

그 이듬해 중학교신입생배치고사에서 우리 반 아이들 셋이 나란히 전교 1, 2, 3등을 차지했습니다. 그 아이들 모두 1년 가까이 남아서 공부하고 간 '보충수업반' 아이들이었습니다. 누가 시켜서 한 공부가 아니고, 그저 아이들이 좋아서 했던 공부였습니다.

'자기주도학습'이란 말이 채 나오지도 않았을 때의 일입니다. 그렇지만 목표를 세우고 그에 맞는 계획을 세울 수 있으면 얼마든지 혼자서 공부할 수 있고, 그만큼 더 능률적으로 공부할 수 있다는 것을 아이들은 보여주었습니다. 저 역시 아이들에게 스스로 돌아보고 쉴 틈을 주게 되면 얼마든지 저마다의 속도를 내게 된다는 것을 이 과정을 통해 배울 수 있었습니다.

자칫 교사가 저지를 수 있는 가장 나쁜 실수는 잘 못 하는 아이, 느린 아이를 이해해주지 못하는 것입니다.

"도대체 왜 수학을 못 하는지 모르겠어요. 분수를 어떻게 이해 못 하죠?"

이렇게 말하는 신규 선생님들을 많이 봤습니다. 교대에 들어가기까지 학교에서 1, 2등을 놓쳐본 적 없는 엘리트 선생님들이 교단에 많아진 것은 자랑스럽고 환영할 일이지만 동시에 그만큼 '못 하는 아이'를 이해하기 어려워졌다는 것이기도 합니다.

그래서 우리는 더 많이 노력해야 하고, 더 많이 자신을 낮추어야 합니다. 아이의 눈높이에 나를 맞춘다는 것은 결코 간단한 일이 아닙니다. 이미 어른인 교사가 아이가 되어 생각하고 아이의 눈에 맞춰 설명하는 것은 어쩌면 정말 불가능한 일일 수도 있습니다. 하지만 이렇게 불가능하다 생각될 만큼 어려운 일들에 꾸준히 노력하고 도전할 때 우리는 아이들 곁으로 조금씩 더 다가가는 것인지도 모릅니다.

아이에게 쉴 틈을 주지 않는 이상 아이들은 자신의 역량을 100% 발휘하지 않습니다. 아이들에게 쉴 틈을 주어야 달리고 있는 주변을 돌아보게 되고, 자신이 어떤 것을 잘 하는지도 깨닫게 됩니다. 그래서 우리는 아이들에게 머뭇거릴 틈, 쉴 틈, 딴 짓 하고 돌아가는 틈을 주어야 합니다. 그래야 자꾸 틀리고 또 틀려도 아무렇지 않게 다시 도전할 수 있는 힘을 키울 수 있습니다.

아이들에게 쉴 틈, 쉼표의 아름다움을 보여주는 교실이 되어야 합니다. 그러기 위해서 불필요한 형식과 제도를 줄이고, 아이들의 마음이 조금 더 편해질 수 있는 분위기와 환경을 선생님들이 먼저 앞장서서 만들어주어야 할 것입니다.

03
놀 틈이 없는 아이들 : 뭐 하고 놀죠?

심리학자 칼 융은 이런 말을 했습니다.

'창조는 놀고 싶은 유희의 충동에서 생겨난다'

놀고 싶은 마음에서 창조가 생겨난다는 융의 말은 창의성을 기를 수 있다고 주장하는 학자들의 의견과도 서로 통하는 부분이 있습니다. 만약 창의성을 후천적인 노력으로 기를 수 있다면, 그리고 그것이 근원적으로 놀이와 유희에서 발현되는 것이라면, 우리 아이들을 좀 더 재미있고 즐겁게 놀이에 젖어서 살 수 있도록 응원할 수 있는 이유가 될 수 있을 것입니다.

얼마 전에 대한민국 중3 학생들의 컴퓨터 기반 문제해결력이 OECD 국가 중 최우수라는 PISA 결과(국제학업성취도평가)가 발표되었습니다.(2014.4.1.) 이 평가는 학생들이 실제 생활에서 직면할 수 있는 문제들을 수학과 과학을 활용하여 해결하는 능력을 측정하는 것으로 2003년 첫 평가 이후로 꾸준히 최고를 지켜온 우리 아이들의 PISA결과는 대견하기까지 합니다.

그러나 여전히 끈기나 학습 흥미, 동기 등은 그 지수가 최하위권입니다. 학습에 흥미가 없고, 끈기가 부족하다는 것은 곧 공부를 재미없어한다는 것입니다. 한없이 재미없는 공부를 이렇게 잘 하게 될 때까지 아이들은 얼마나 많은 시간을 지루함과 싸워온 것일까요? 이 부분에서는 대견을 넘어 그저 안타까울 따름입니다.

논어 옹야(雍也)에 이런 글이 나옵니다.

子曰, 知之者, 不如好之者, 好之者, 不如樂之者

아는 것은 좋아하는 것만 같지 못하고, 좋아하는 것은 즐기는 것만 같지 못하다는 유명한 글귀입니다. 좋아하는 일을 즐기면서 하는 것만큼 그 능률과 성과가 높은 것은 없습니다. 공부가 놀이처럼 즐거워지고 재미있어질 수는 없을까 우리 모두가 고민해야 하는 이유입니다.

그렇다면 우리 아이들이 놀이 본연의 것을 제대로 즐기고 있다면 혹시 우리 교육에 희망이 남아 있지는 않을까요? 공부가 지루하더라도 중간중간 '제대로 놀기'라도 하고 있다면 아이들이 스트레스를 풀고 지친 몸과 마음을 회복할 수 있을 테니 말입니다. 우리 아이들은 과연 어떻게 놀고 있을까요?

모래놀이 카페를 들어본 적 있습니까? 아이를 데리고 와서 엄마들은 커피를 마시거나 식사를 하고, 아이들은 옆에서 모래놀이를 하거나 장난감을 갖고 노는 곳입니다. 젊은 엄마들에게는 모래놀이 카페에서 차를 마시는 것이 이미 꽤나 익숙한 일이기도 합니다.

유리로 막아놓은 창문에서 들여다보이는 모래놀이터는 어린 아이들로 북적입니다. 아이들은 모래놀이를 위해 따로 준비된 겉옷을 입고, 주기적으로 소독하는 항균 모래 속에 파묻힌 모래놀이 전용 장난감을 갖고 놉니다. 모래놀이터에서 나올 때는 키 높이에 맞춰 준비된 세면대에서 손을 씻고, 친절한 아르바이트생들이 옆에서 아이들 모래를 꼼꼼하게 털어주기까지 합니다. 항균 모래에 전용 겉옷에, 아르바이트생 도우미까지 곁에 있으니 엄마들은 아이들에게 신경 쓰지 않고 여유를 즐길 수 있습니다.

그런데 문득 생각해보았습니다. 우리가 어릴 때는 하루 종일 그렇게 흙을 갖고 놀았던 것을 말입니다. 뙤약볕에 신나게 놀다 보면 코흘리개 꼬맹이들 얼굴은 더 새카매지고, 손과 발은 온통 흙투성이가 되어야 했지만 지난 어린 시절을 돌아보면 누구나 그 시절이 가장 재미있고 행복한 시간이었다고 추억할 것입니다.

엄마가 정해준 놀이터에서 엄마가 쥐어준 장난감을 갖고 놀던 아이들이 자라서 초등학생이 되면 엄마가 선택한 학원에 다니기 시작합니다. 학교 정문 앞에서 대기하고 있는 학원 버스를 타고 학원으로 이동하는 것입니다. 학교에서 학원으로 수업 장소와 가르치는 사람만 달라질 뿐 아이들은 다시 공부의 쳇바퀴를 돕니다.

이제는 운동장에 남아서 노는 아이들도 없고, 아파트 놀이터에서 노는 아이들도 찾아보기 어렵습니다. 초등학교 아이들만 해도 학원을 서너 개씩 다니느라 '바빠서' 놀지 못하고, 중·고등학생들이 놀고 있으면 '속도 없이 놀고 있다'고 한소리 들어야 하는 현실입니다.

그렇지만 인간에게 노는 것은 본능입니다. 본능적으로 즐거움을 추구하고 다양한 유희 활동을 통해서 더 나은 생활을 만들어가는 것이 바로 인간이기에, 태고(太古)부터 놀이와 춤, 노래는 우리 인간의 역사에서 단 한 순간도 사라져본 적이 없습니다. 결국 아이들에게는 생명과 같은 놀이가 그 역할을 다른 것에게 빼앗기면서 점차 아이들만이 갖고 있는 자연스러운 본능과 같은 흥미와 호기심도 함께 줄어든 것입니다.

이렇게 근본적으로 놀기를 좋아하는 아이들은 학원으로 이동하면서 혹은 공부하다가 잠깐 잠깐 짬을 내어 놀 수 있는 것들을 찾아냈습니다. 아이들의 삶에서 이젠 빼놓을 수 없게 되어버린 스마트폰이 바로 그것입니다. 스마트폰은 단순한 전화기 이상의 것을 아이들에게 제공하게 되었습니다. 빠른 인터넷을 기반으로 다양한 게임과 무료로 대화할 수 있는 각종 어플은 아이들에게 엄청난 인기를 끌었습니다.

물론 이것은 아이들뿐 아니라 어른도 마찬가지입니다. 커피숍이나 버스, 지하철, 심지어는 공항에서도 비행기 안에서도 아이나 어른이나 할 것 없이 거의 모든 사람들이 스마트폰을 손에 쥐고 있습니다. 우리 생활에서 인터넷이나 스마트폰을 빼고 나면 무엇이 남을까 생각해봅니다. 과연 안절부절 하지 않고 의연하게 '나는 괜찮아'라고 말할 자신이 있는 사람은 몇이나 될까요.

▲ **청소년**(12~19세) **스마트폰 이용 시간**(단위 : %)

구분	이용률	스마트폰 이용시간				
		계	1시간 미만	1~2시간 미만	2~3시간 미만	3시간 이상
2011	2.7	100.0	16.0	24.3	18.0	41.7
2012	2.6	100.0	7.7	28.9	27.0	36.4

통계청에서 발표한 자료를 보면 우리 청소년들은 하루 평균 2시간 가까이 스마트폰을 들여다본다고 합니다. 인터넷이나 블로그 등을 하느라

쓰는 시간이 대부분이라고 하지만 실제로는 이보다 더 많은 시간을 스마트폰이나 인터넷에 사용하고 있을 거라고 생각합니다.

아이들에게 스마트폰은 단순한 전화기가 아닙니다. 스마트폰은 매일 새롭고 즐거운 '놀이'이며, 다른 사람과 이어주는 '소통의 도구'이며, 새로운 '세상'입니다. 노는 것을 본능적으로 좋아하는 아이들에게 휴대가 간편하고, 늘 새롭고 빠르며, 다른 이들과 수시로 이야기할 수 있는 스마트폰이 얼마나 재미있는 도구일지 생각해봐야 합니다.

중학교 학생에게 한 선생님이 물어보셨다고 합니다.

"엄마와 네 스마트폰, 둘 중 하나만 선택하라고 하면 넌 뭘 선택할래?"

아이는 단 1초도 생각하지 않고, 당연히 스마트 폰이라고 대답했다고 합니다. 단 1초도 고민하지 않는 이유를 묻자,

'엄마는 혼자서도 얼마든지 알아서 할 수 있지만 스마트폰은 내가 안 챙기면 혼자 어떻게 할 수 없잖아요'

▲ **청소년(12~19세) 스마트폰 이용 현황(단위 : %)**

구분	이용률	이용현황			
		계	음성·영상통화	문자메시지 (SMS,MMS)	무선인터넷 및 애플리케이션
2011	40.0	100.0	26.5	38.2	35.3
2012	80.7	100.0	29.3	36.7	34.0

위 스마트폰 이용현황을 보면 2011년 스마트폰 이용률 40%에서 2012년 80.7%까지 두 배로 증가한 것을 볼 수 있습니다. 그야말로 엄청난 증가세입니다. 이렇게 빠른 증가를 보일 때는 그만큼의 역기능도 반드시 있

▲ **청소년**(중·고등학생) **유해매체 이용 경험 및 종류**(복수응답)(단위 : %)

구분	성인용 간행물	성인용 영상물	지상파TV 성인용 프로그램	케이블TV 성인용 프로그램	컴퓨터 성인물	휴대폰 성인물	온라인 사행성 게임	성인용 게임	이성만남 전화번호
2010	38.3	27.8	29.4	14.8	38.3	7.5	46.1	49.5	1.4
2011	41.1	32.0	25.3	14.8	37.3	12.3	41.2	47.4	1.5
2012	40.0	27.5	23.5	26.9	45.5	20.5	21.5	32.3	1.8

을 것입니다. 실제로 여성가족부에서 발표한 「청소년 유해환경 접촉 종합 실태조사」를 보면, 학생들은 휴대폰으로 성인물을 보는 비율이 2010년 7.5%에서 2012년 20.5%로 무려 세 배 이상 뛰었습니다. 검색 몇 번으로 얼마든지 스마트폰을 이용해서 성인물을 볼 수 있는 상황에서 아이들이 지금 얼마나 자주 성인물을 보고 있을지는 그 누구도 정확하게 알 수 없습니다.

어른들이 어떻게 지도해야 할지 그 방법을 미처 생각해보지 않은 사이 청소년의 스마트폰 이용률은 두 배로, 사용하는 시간은 3시간 가까이 늘어났고, 휴대폰을 통해 성인물을 경험하게 되는 수치 역시 세 배 이상 늘어났습니다.

그뿐 아니라 인터넷 게임이 단 하나의 놀이가 된 아이들의 문제 역시 심각해진 상태입니다. 한국정보화진흥원에서 발표한 2009년 자료에 따르면 현재 서울시 만 9세~19세 아동 및 청소년의 경우 14.7%인 19만 명이 상담이 필요한 잠재적 위험 사용자 군(群)이며, 4.0%인 5만 4천여 명은 치료가 시급한 고위험 사용자 군이라고 합니다. 공식적인 수치가 이 정도이면 통계에 잡히지 않은 비공식적 숫자는 더 많을 것입니다.

제가 가르쳤던 학생들 중에는 어른들이 하는 폭력적인 게임을 좋아하는 어린 초등학생들도 무척 많았습니다. 이 아이들은 하루라도 게임을 하지 않으면 불안하다고 말하며, 눈만 감으면 어제 하다만 게임이 자꾸 생각난다고 했습니다. 주말에 가장 하고 싶은 일이 뭐냐고 물어보면 "원 없이 게임하는 것"이라고 말하고, 학교 수업이 끝나면 곧바로 피시방에 가서 게임 삼매경에 빠져드는 이런 아이들은 학교에서도 수업에 제대로 집중하지 못하고, 어지간한 일에는 놀라지도 않습니다.

가상의 사이버 공간에서 욕을 형용사처럼 섞어 쓰면서 대화하고, 게임 아이템을 모으는 것이 세상에서 가장 짜릿한 일이라고 대답하는 어린 아이들이 우리가 미처 눈치 채지 못한 사이 어른들의 세계에 입성(入城)해버린 것입니다.

우리가 아이들의 이런 '놀이'를 '단순한 놀이'로 계속해서 방관한다면 분명 그에 대한 대가를 다음 세대가 치르게 될 것입니다. 어른들이 아이들에게 자연과 친구 되는 것, 세상 속의 사람들과 부대끼는 것, 친구와 이야기하는 시간을 빼앗고 대신 쥐어준 도구가 오로지 놀이의 전부가 되어버렸습니다. 우리 어른들이 이에 대해 깊이 고민하지 않는다면 그것은 앞선 세대의 직무 유기라고 생각합니다.

지금부터라도 아이들이 땀 흘리며 놀 수 있는 시간과 여유를 주어야 합니다. 놀 틈을 충분히 주어야만 아이들이 비로소 공부에 호기심을 보이고, 잃어버린 창의성을 찾아낼 것입니다. 그러므로 우리가 지금 해야 할 것은 아이들에게 놀 틈을 주는 것입니다.

학교에서라도 조금씩 쉴 틈과 놀 틈을 주었으면 좋겠습니다. 우리 교사들이 먼저 아이들을 위해 숙제를 줄여주고, 평가를 개선해서 선행학습이 아닌 학교 수업을 통해서 공부할 수 있게 노력하고, 아이들의 의견을 귀 기울여 듣고자 자꾸 애써보는 것입니다. 이런 것이 우리가 교실에서 실천할 수 있는 아이들을 위한 가장 최소한의 배려가 아닐까 생각해봅니다.

독일의 건축자인 코네리우스 그루리트는 교육에 대해 이렇게 말했습니다.

"생각하는 방법을 가르쳐야지, 생각한 것을 가르쳐서는 안 된다"

틈이 있어야 생각도 합니다. 아이들에게 쉴 틈은커녕 놀 틈도 주지 않는 어른들이 생각해보아야 할 말일 것입니다.

04

꿈꿀 틈이 없는 아이들 : 우리에게 내일은 없어

"청소년기는 자기만의 정체성을 형성하면서 성장하고자 하는 욕망에 의해 급격한 변화를 겪는 시기다. 그런 변화를 일방적으로 맞아들이거나 기다려야 하는 초조함, 성적 추동과 함께 따라오는 공격성, 성에 대한 무의식적 환상과 그로 인해 발생하는 스트레스 같은 것들로 그들의 정서는 시한폭탄 같은 것이 된다. 그 과정에서 부모는 약간의 도움만 줄 수 있을 뿐, 가장 힘든 사람은 내면에 활화산을 안고 있는 청소년 당사자들이다." (도널드 위니캇 〈놀이와 현실〉에서)

우리나라 고등학생의 대학 진학률은 2005년 82.1%로 이미 세계 최고 수준이었습니다. 이 수치는 1990년 33.2%에서 불과 15년 만에 두 배 이상의 증가를 보인 것으로 2010년에는 증가세가 주춤하면서 79%로 낮아졌지만 이 역시 세계적으로 가장 높은 수준이며, 2011년에는 세계에서 가장 대학진학률이 높았습니다.

앞서 살펴봤듯이 우리는 반값등록금을 외칠 만큼 대학등록금이 어마어마하게 비싼 나라에 살고 있기 때문에 이 등록금을 대기 위해서는 수없이 많은 학생이 학생 신분으로 학자금을 대출받아야 하고, 받은 등록금 대출을 갚기 위해서는 사회에 나오자마자 월급을 은행에 갖다 바쳐야 합니다. 안타까운 악순환의 고리입니다.

부모님은 허리 휘게 일해서 번 돈에, 학생 신분으로 닥치는 대로 아르바이트해서 모은 돈을 합해서 어렵게 다닌 대학이므로, 어렵게 구한 직장에 만족해한다면, 이런 시스템에 대해 교육 관계자든 누구든 어느 정도 변명의 여지는 있을 것입니다.

그런데 실제 상황은 그렇지 않습니다. 직장인들에게 가장 후회하는 것을 물었을 때 그들은 직업을 제대로 구하지 않은 것, 공부하지 않은 것 등을 꼽았습니다.

취업포털사이트인 잡코리아에서 운영하는 헤드헌팅포털 에이치알파트너스와 월간 인재경영에에서 직장인 421명을 대상으로 온라인으로 설문한 결과, 학창시절을 돌아볼 때 가장 후회하는 것으로는, "하고 싶은 일, 진로 파악을 좀 더 일찍 할 걸"(42.3%)로 대답했으며, 취업을 준비하는 대학생들을 위한 조언으로는 "자신이 일하고 싶은 업종 및 업무가 무엇인지 파악하라."(59.6%)가 1위였습니다.

이 뿐 아니라, 한국고용정보원에서 2010년 8월과 2011년 2월에 대학을 졸업한 1만 8천명에게 설문한 "2011년 대졸자직업이동경로조사" 결과를 보면 직장인들이 대학을 졸업하고 실제 직장을 구하는 것과 자신의 적성의 불일치가 인문계열에서 무려 47.5%로 나타났습니다.

이들 적성과 실제 직장과의 불일치 취업자들은 일치한 취업자들이 버는 평균소득 204만원보다 15만 9천원이 적은 188만 1천원을 벌고 있었고, 소득이 적은 만큼 일에 대한 만족도 역시 낮아서 일자리 만족도에서 불일치 취업자의 만족도는 3.3으로 일치 취업자들의 3.63보다 0.3점 낮았습니다.

이 설문에서 가장 인상적인 부분은 대졸직장인 47.3%가 "취업목표를 설정해본 적이 없었다"는 대목입니다. 직장을 구한 다음, 직장인들이 가장 후회하는 것 중 하나가 바로 "하고 싶은 일이나 진로에 대해 미리 파악을 했어야 했다"이면서, 동시에 가장 관심이 없이 지내온 분야가 바로 자신의 적성과 진로에 대한 고민이었다는 얘기이기도 합니다.

2012년에 청년실업률은 40%까지 떨어졌습니다. 통계청에서 발표한 자료에 따르면 15세에서 29세에 이르는 청년 취업자들 가운데 무려 77.1%가 적성과는 무관한 직업을 구한다고 합니다. 입사경쟁에 휘말린 청년들이 당장 급한 대로 직장을 구한다는 뜻입니다.

이것이 바로 대한민국 입사경쟁의 현실입니다. 어떻게든 취업을 하는 것이 중요한 시대가 되어버렸지만, 그렇게 해서 취업을 한 다음에는 많은 사람들이 후회합니다. "이건 아니었어"라고 말입니다.

이렇게 되는 원인이 무엇일까요?

그것은 바로 우리 교육이 아이들에게 꿈꿀 틈을 주지 않기 때문입니다. 아이들의 재주와 적성, 흥미 등을 찾고 탐색하고, 키워나가는 데 목표가 있는 것이 아니라 무턱대고 똑같은 공부를 해서 서열을 매기고, 서열에 따라 무작정 대학에 진학하는 것, 바로 여기에 문제가 있는 것입니다.

어릴 때부터 수학과 영어 성적 올리기에 열을 내고, 수없이 많은 학원을 순회하면서, 매일같이 피곤과 스트레스와 매일 싸워가며 잠을 줄이고,

친구들과 즐겁게 노는 것을 포기한 채로 전 세계에서 가장 긴 시간 공부해서 대학에 가면 다시 경쟁이 시작되고, 적성이나 흥미와는 무관한 진로를 선택한 다음, 다시 후회하는 것, 그것이 대한민국 사람들의 평균적인 삶이 되는 것입니다.

이렇게 빤히 바라다 보이는 길을 앞으로도 계속 우리 아이들에게 강요할 필요가 있을까요. 아이들이 잘 하는 것이 무엇인지 찾아보고, 좋아하는 것을 즐기면서 살아가는 방법을 같이 고민하는 일을 지금이라도 시작해야 하지 않을까요.

요즘 아이들에게 꿈이 무엇이냐고 물어보면 대부분 부자가 되고 싶다고 말합니다. 축구선수가 되고 싶다고 하는 남자아이들조차도 축구를 좋아해서 되고 싶다고 말하는 게 아니라, 유명한 선수가 되어야 돈을 많이 번다고 말합니다. 우리가 어릴 때처럼 대통령이 되고 싶다는 아이도 없고, 과학자가 되겠다고 하는 아이도 찾아보기 힘들어졌습니다.

학급에서 아이들과 '나는 이런 인물이 되고 싶다'고 발표하는 기회를 학기 초에 꼭 갖습니다. 그런데 지난 16년의 시간 동안 보았던 것 중 가장 인상적이었던 게 '소방관'이 되고 싶다던 아이의 발표였습니다. 사실 제가 놀란 것은 그 아이의 꿈이 아니라 그 꿈을 들은 다른 아이들의 반응이었습니다.

"소방관이 얼마나 위험한지 알고나 말하는 거냐. 뭐 하러 목숨 걸고 그런 걸 하냐?"

"소방관이 의사보다 돈 많이 버냐?"

"소방관 연봉은 얼마인데?"

발표한 아이에게 몇몇 아이들이 큰 소리로 물었습니다. 아이의 얼굴이 붉어지면서 그런 건 잘 모르지만 그래도 사람들의 목숨을 구하는 일을 꼭 하고 싶다고 말했습니다. 옆에 서있는 제 얼굴도 붉어졌지만 저 역시 언제부턴가 더 이상 그런 일에 놀라지 않게 되었습니다.

교직에 있는 동안 제가 만난 아이들의 꿈은 과학자, 교사, 교수, 의사, 변호사, 판사에서 공무원, 교사, 의사, 판사, 연예인 등으로 바뀌었습니다. 물론 축구가 유행할 때는 축구선수가 꿈인 아이들이 많아지기도 하고, 야구가 유행할 때는 야구선수가 되고 싶다고 말하는 아이도 있습니다.

그렇지만 대체로 아이들이 원하는 것은 '많은 돈' 과 '안정된 생활' 이었습니다. 얼마 전에는 구체적으로 7급 공무원이 꿈이라고 말한 아이도 보았습니다. 이 아이에게 7급 공무원이 되라고 말한 이는 누구였을까 잠시 생각했습니다.

의사가 되고 싶다는 아이들에게 물어보면

"의사는 돈을 많이 버니까요."

말합니다.

"돈을 많이 벌어서 뭐 하고 싶은데?"

"돈을 많이 벌어야 편하게 살죠"

"편하게 살면 뭐 할 건데?"

"그래야 넓은 집에 살죠"

"넓은 집에 살면 뭐가 좋은데?"

"우리 엄마가 그런 게 좋은 거라고 했어요"

결국 아이들 꿈이 아니라, 엄마의 바람인 셈입니다.

한국방정환재단에서 설문 조사했던 "2013 어린이 문화 연구"에서 닮고 싶은 역할 모델이나 멘토가 없다고 대답한 초등학생은 70.9%, 중학생은 72.1%, 고등학생은 62.7%로 각각 나타났습니다.

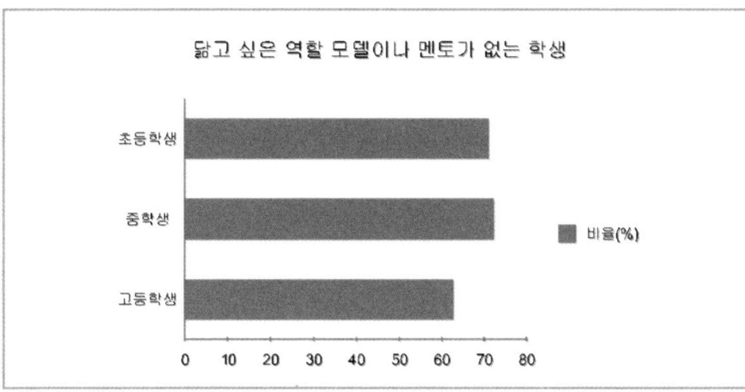

그동안 학생들을 대상으로 하는 강연에서 많은 학생들에게 물었지만 아이들 중 꿈이 있다고 손을 드는 아이는 5%도 채 되질 않았습니다. 지금은 꿈이 없어도 한 번이라도 생각은 해본 적 있는지 물어보면 아이들은 역시 선뜻 대답하지 못했습니다. 고등학교에서도 중학교에서도 초등학교에서도 마찬가지였습니다. 이것은 물론 객관적인 데이터가 아니지만 제게는 마음에 새겨진 데이터와 같습니다.

아이들에게 꿈이 없다는 것은 어떤 의미일까요. 우리는 이제 이것에 주목해야 합니다. 그동안 우리 교육은 아이들을 줄 세우는 데만 그 초점을 두었습니다. 덕분에 '입시교육이 곧 입사교육이다'는 말은 누구나 고개를 자연스럽게 끄덕이게 합니다. 1등부터 몇 등까지는 어느 대학에 가고, 그 대학에서 또 앞줄에 있는 몇은 직장을 구한다는 지극히 평이한 논리가 우리 사회를 지배하고 있습니다.

좋은 학교가 좋은 직장으로 연결된다는 믿음, 좋은 직장이 좋은 미래를 보장한다는 생각, 학연·지연·혈연을 봐주는 것은 우리의 오랜 관례라는 정서에서 이 모든 것이 시작됩니다. 그러나 이런 생각을 바꾸지 않고서는 입시제도가 바뀌지도 않을뿐더러 교육 역시 달라질 수 없습니다.

다양한 설문 결과를 통해서 살펴봤을 때, 입시와 입사경쟁을 거친 수많은 평균적인 대한민국 직장인이 최종적으로 후회하는 것은 "하고 싶은 일을 했어야 했다" 였습니다. 그러나 자신의 미래를 치열하게 고민하지 않는 이상은 이것은 어른이 되어서도 어쩔 수 없이 해결되지 않는 문제입니다.

그래서 이제라도 우리 아이들에게 자신의 진로를 생각해보고 찾아보게 할 꿈꿀 틈을 주어야 합니다. 자기 자신을 돌아볼 새도 없이 무작정 앞만 보고 달리게 한다면 그것이 경주마와 다른 삶이라고 말할 수 있을까요?

입시가 입사를 보장하지 않고, 입사가 행복을 보장하지 않는다는 것은 이미 많은 이가 말해주었습니다. 정말 하고 싶은 것이 무엇인지, 좋아하고 잘 할 수 있고, 즐길 수 있는 것이 무엇인지 생각해보도록 아이 자신에게 선택할 자유와 권리를 주어야 합니다.

오래전부터 학교 교육은 가소성(可塑性, plasticity)에 초점이 있었습니다. 교육을 통해 아이를 다듬어 간다고 생각한 것입니다. 그러나 앞으로의 학교 교육은 성장(成長)에 초점을 두어야 합니다. 학생 스스로 자신의 발전 가능성과 성장가능성을 키워나갈 수 있게 자발적인 의지와 문제해결력을 길러주어야 하고, 궁극적으로는 자신의 꿈과 삶을 디자인할 수 있는 역량을 길러주어야 합니다. 그것이 바로 대한민국 공교육이 학생들과 같이 살아남을 수 있는 유일한 길일 것입니다.

05

관계 맺을 틈이 없는 아이들 : 교실 안의 불편한 진실

누군가와 관계를 맺는다는 것은 사회생활을 하는 모든 인간에게 필요한 부분입니다. 학교는 가장 기본적인 사회화의 과정이 이루어지는 곳으로 24평 남짓한 작은 교실에서도 친구들과 우정을 쌓고 신뢰를 갖게 되는 부분은 아이들에게 무척 중요한 사회화의 과정이자 인격 형성의 과정입니다.

현재 대한민국 학생 사이의 '관계'에 대한 문제라고 하면 가장 먼저 떠오르는 것이 학교 폭력 문제와 따돌림일 것입니다. 사실 제대로 놀지 못하는 아이, 쉬지 못하는 아이들은 다른 이와 제대로 관계를 맺지 못합니다. 그럴 만한 마음의 여유가 없고, 그럴 필요도 못 느끼기 때문입니다.

최근 초등학교 4학년부터 고등학교 2학년에 이르는 전국 학생 454만 명 중 89.4%에 해당하는 406만 명을 대상으로 한 2013년 학교폭력 실태조사에 대한 온라인 설문 결과가 발표됐습니다. 학교 폭력에 대해 전국 학생을 대상으로 하는 이 설문 조사는 상반기와 하반기로 나누어서 각각 두 번 이루어지는데 이는 학교 폭력 문제와 관련해 교육부에서 발표한 가장 최근의 공식적인 통계이므로 눈여겨봐야 합니다.

결과에 따르면 가장 눈에 띄는 것이 2012년 8.5%의 피해학생 수보다 2013년 2차 조사에서 피해학생수가 1.9%로 크게 줄었다는 것입니다. 이는 아마도 교사, 학생, 학부모의 학교 폭력에 대한 인식이 높아져 사회적으로 큰 이슈가 되었고, 그만큼 이에 대한 대책 마련 등을 끝없이 사회 전반에서 요구했기 때문일 것입니다. 그러나 신체 폭력이나 금품을 뺏는 등의 폭력은 줄어드는 대신 언어폭력, 사이버 폭력은 그 비율이 높아지고

▲ **학교 폭력 피해 학생 수**(2013 상반기 학교폭력 관련 교육부 발표 자료)

	2012 2차	2013 1차	2013 2차
전체	321천명 (8.5%)	94천명 (2.2%)	77천명 (1.9%)
초등학교	134천명 (11.1%)	44천명 (3.8%)	35천명 (2.7%)
중학교	136천명 (10.0%)	37천명 (2.4%)	31천명 (2.0%)
고등학교	51천명 (4.2%)	13천명 (0.9%)	10천명 (0.9%)

▲ **학교 폭력 피해 유형**

구분	폭행·감금	금품 갈취	강제 심부름	언어 폭력	강제추행·성폭력	집단 따돌림	사이버 괴롭힘	스토킹	합계
'13년2차	19천건	15천건	9천건	57천건	6천건	27천건	16천건	14천건	161천건
	11.5%	9.2%	5.3%	35.3%	3.5%	16.5%	9.7%	9.0%	100%
'13년1차	24천건	21천건	13천건	70천건	7천건	34천건	19천건	19천건	207천건
	11.7%	10.0%	6.1%	34.0%	3.3%	16.6%	9.1%	9.2%	100%
'12년2차	54천건	91천건	63천건	190천건	18천건	64천건	41천건	40천건	562천건
	9.6%	16.2%	11.3%	33.9%	3.2%	11.4%	7.3%	7.1%	100%

있음을 알 수 있습니다.

이는 아이들 사이에서 눈에 띄는 폭력보다 대신 겉으로 드러나지 않는 은밀한 유형의 괴롭힘이 더욱 심해지고 있다는 뜻으로 볼 수 있습니다. 또한 학교 폭력에 대해 전반적인 인식이 높아지면서 과거에 학교 폭력이라고 생각하지 않고 있던 부분들도 학생들이 학교 폭력에 해당하는 것임을 알게 되었고, 이에 대한 응답 비율이 높아진 것이라고도 볼 수 있습니다.

2012년 핀란드에 갔을 때(2012 창의·인성교육유공교원 전북교육청 주관 해외연수) 핀란드의 왕따 예방 프로젝트인 "키바(KiVa Koulu) 프로그램"에 대한 설명을 들을 기회가 있었습니다. 키바 프로그램에서는 "방관자"에 대한 교육을 중요하게 생각한다는 것이 무척 인상적이었습니다.

▲ 핀란드 현지에서 "Kiva Koulu" 프로그램 관련 연수 장면(2012)

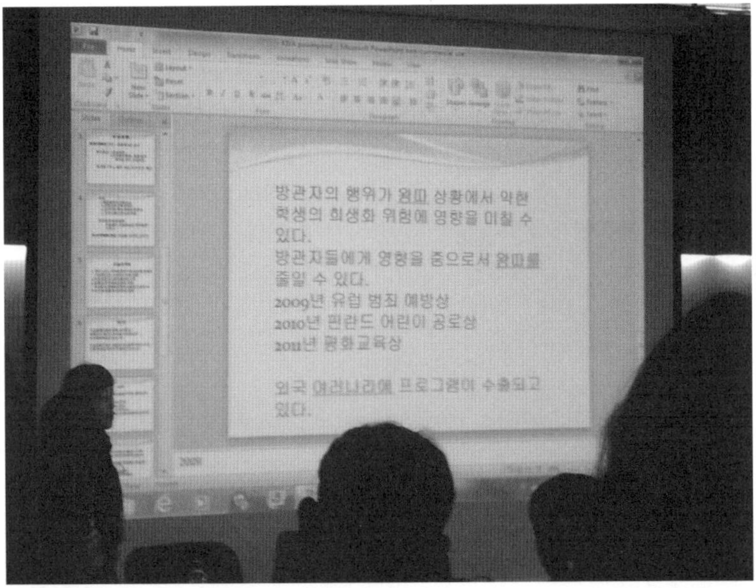

따돌림이나 학교 폭력은 어른의 눈에 띄기 이전에 매우 은밀한 형태로 진행됩니다. 어른들의 눈에는 사소하고 아무 것도 아닌 행동이지만 그것이 당사자인 어린 학생들에게는 조금씩 꾸준하게 자존감에 상처를 주기 때문에 따돌림이나 학교폭력은 그 뿌리가 매우 깊고, 시작이 어딘지도 알 수 없을 정도로 오랫동안 진행되다가 곪을 대로 곪은 다음 터져 나옵니다.

그런데 이런 문제의 핵심에 다가가다 보면 정말 놀라운 것이 바로 "방관자들"의 태도입니다. '내 일이 아닌 일'이기 때문에 굳이 상관하지도 않는 아이들, 누구 하나 죽어도 눈 하나 깜짝하지 않겠다는 태도, 그 모든 것들이 교실 안의 아이들 사이에 벽을 높게 쌓아가는 원인입니다.

▲ **학교 폭력이 발생하는 시간**(단위 : %)

구분	등교 시간	쉬는 시간	점심 시간	정규 수업시간	하교 시간	하교시간 이후	방과후 수업시간	기타
비율	1.3	44.5	9.6	7.7	4.9	14.4	1.8	15.8

▲ **학교 폭력이 발생하는 공간**(단위 : %)

구분	학교 안					학교 밖					기타
	교실 안	운동장	화장실·복도	기숙사	학교 내 다른 장소	학원·학원 주변	PC방·노래방 등	놀이터 등	사이버 공간	집	기타
비율	45.2	2.9	10.0	0.8	13.3	3	1.7	4.1	7.9	1.1	10.5

위의 표는 앞의 교육부 조사에서 학교 폭력이 발생하는 공간과 시간을 응답한 자료입니다. 쉬는 시간(44.5%)이나 학교가 끝난 이후의 시간(14.4%),

점심시간(9.6%)이 가장 많고, 학교 안에서 무려 72.2%가 문제가 발생한다고 응답했습니다. 즉, 학교 폭력은 다름 아닌 "학교 안"에서 "교사의 눈을 피한 시간대"에 가장 많이 일어난다고 볼 수 있습니다.

이렇게 학교 안에서 교사의 눈을 피해 괴롭히는 것이 가능한 이유는 바로 나머지 학생들이 '보고 있으면서도 보지 않기 때문'이며, 이 부분이야말로 학교 폭력에서 드러나는 가장 무서운 부분입니다. 내 일 아니니까 괜찮다고 생각하면서 은밀하게 모른 척하는 태도로 일관하는 '평범한' 아이들을 이런 문제의 핵심에서 만나게 되기 때문입니다.

그런데 다른 사람의 상처에 눈 감고 모른 척 하는 아이들의 사회는 우리 어른들의 모습과 크게 다르지 않습니다. 유명인의 사소한 가십 거리는 크게 떠들면서도 정작 사회와 정치, 복지 문제 등 많은 이들에게 중요한 사안에는 예민하지 않은 어른들의 모습을 그대로 아이들에게서도 찾을 수 있기 때문입니다.

학급 대다수에 해당하는, "가해자"도 아니고, "피해자"도 아닌 학생들, 이들 대부분이 "방관자"가 될 때 학교 폭력이나 따돌림의 문제는 심각해집니다. 아이들 사이의 문제를 말 그대로 "보고 있기"만 하기 때문입니다.

이들은 친구들 사이의 이런 문제를 교사나 학부모에게 알리지도 않고, 문제에 직접적으로 가담하지도 않습니다. 이들은 모른 척 눈감지만, 그렇기 때문에 피해를 입는 아이들은 마음의 상처가 더욱 큽니다. 친구들이 만든 보이지 않는 감옥에서 외롭게 살아가는 아이들의 마음을 그 누가 이해해줄 수 있을까요.

▲ 학교 폭력 피해 후 생각

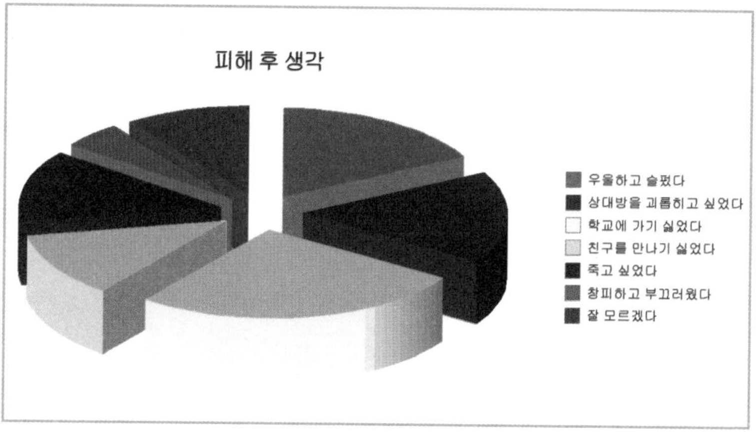

그래서 핀란드의 키바 프로그램은 우리에게 시사하는 바가 큽니다. 키바 프로그램은 아이들끼리 역할극을 통해서 아이들 사이의 문제를 서로 간접적으로 경험해보고, 이런 과정에서 서로의 마음과 감정을 공감하는 것, 누구라도 방관자가 되지 않도록 하는 데 초점을 둡니다. 방관자들을 교육하는 것이 진정 문제를 해결할 수 있는 열쇠이기 때문입니다.

아이들이 "방관자"가 아니라 "친구"가 되어준다면 학교 폭력이나 따돌림 문제는 심각해질 수가 없습니다. 학교 폭력을 예방하기 위해서는 일년에 한 번 예방 포스터를 그릴 것이 아니라, 아이들의 가슴에 불을 지펴줄 일인 것입니다.

"골목길을 가는데, 우리 반 친구인 A가 B에게 맞고 있는 거야. 그걸 본 나는 어떻게 해야 할까?"

그들은 이런 문제들을 간접적으로 경험합니다. 누구라도 피해자가 될 수 있고 가해자이기 전에 방관자가 될 수도 있다는 것에 대해 프로그램으로 세분화시켜 접근한 것입니다. 전문가의 도움을 받고 교사와 함께 고민을 해결하도록 하며 교육과정 내에서 일정 시간 프로그램을 이수하도록 하고 있습니다.

이제는,

"네가 피해자가 될 수도 있어, 네가 피해자가 되었을 때 누군가 모른 척하고 지나가면 어떤 생각이 들까?"

물어야 합니다. 이 문제에서 가장 중요한 예방책은 다름 아닌 "다른 아이들"에게 있기 때문입니다. 이들에게 역할극, 토론, 토의 같은 공감·소통 프로젝트를 적극적으로 실시하여 이런 부분들을 예방하기 위해 노력해야 할 것입니다. 또한 "공부만 잘해라" 아이들에게 요구하고 있진 않은지 돌아볼 일입니다. 소위 공부 잘하는 아이들은 다른 모든 것이 용서되는 사회, 그런 교실을 우리가 아이들에게 만들어준 것은 아닐까 생각해봐야 합니다.

학교 교육에서 가장 중요한 부분은 대한민국의 모든 아이가 사회에서 소중하게 쓰임 받고 사랑받는 소중한 존재로 잘 자라도록 해야 한다는 것입니다. 학교는 그런 역할을 훌륭하게 해내는 최적의, 최선의, 최고의 기관이어야 합니다. 그러기 위해서 우리는 이제 "나머지 아이들"이 "방관자"가 되지 않도록 노력해야 합니다. 피해자가 더 생기는 일이 없기 위해서는 그 방법밖에 없습니다.

학교에서 그 누구도 상처 받지 않고, 피해 입는 일이 없기 위해서는 눈을 돌려 다시 처음부터 시작하는 방법밖에 없습니다. 그것이 다소 멀리 돌아가는 길이라 해도 옳다면 그 길을 가야 합니다. 교육은 더뎌도 옳은 길을 택하는 것이 가장 아름답기 때문입니다.

2부

한국의
인물에게서
배우는
리더십 키워드

01

개성 : 싸이, 나만의 퍼스널 브랜드로 세상을 놀라게 하다

아리랑, 태권도, 그리고 싸이

2012년 여름, 스웨덴에 갔을 때(전북교육청 주관 창의·인성유공교원해외연수) 일입니다. 스웨덴 청소년들은 방학 때마다 스웨덴 전역 수천 군데에 이르는 캠프장에서 열리는 다양한 캠프에 참가한다고 합니다. 우리가 찾아갔을 때는 한낮이었는데, 아이들이 보이지 않아서 물어보니, 대부분은 호수로 수영하러 갔고, 나머지는 숙소에서 낮잠을 자거나 자유 시간을 보내고 있다고 했습니다.

식당에서는 아이들이 깨면 먹을 빵을 굽는 냄새가 고소하게 흘러나오고, 북유럽의 빛나는 햇살과 맑고 푸른 하늘이 높게 뻗은 나무들과 어우러져 마치 다른 세상에 와있는 것 같았습니다.

"우리 애들은 지금 한창 자율학습 할 시간인데."

일행 중 누군가 문득 생각났다는 듯이 던진 말에 모두가 씁쓸하게 웃었습니다. 한국 아이들이 방학 때도 보충수업과 자율학습으로 하루 종일 학교에 갇혀 있는 것에 비하면 이 아이들은 정말 천국에서 사는구나 싶었습니다.

아이들은 숙소에서 삼삼오오 자유 시간을 즐기고 있었는데, 이들이 틀어놓은 음악이 귀에 익었습니다. 놀랍게도 그것은 바로 싸이의 강남스타일이었습니다. 아이들에게 우리를 한국에서 오신 선생님들이라고 소개를 하자, 아이들 얼굴이 환해졌습니다.

"우리는 한국을 좋아해요."

한국을 좋아한다고? 한국에 대해 아이들이 어떻게 알고 있을까? 궁금했습니다. 한국에 대해서 또 무엇을 알고 있냐고 물어보자 아이들은 대답했습니다.

"아리랑, 태권도, 싸이"

▲ **스웨덴 학생들의 캠프 활동 모습**(2012)

아리랑, 태권도 같은 익숙한 단어가 아니라 '싸이'라는 마지막 단어에 모두가 의아했습니다.

"강남스타일, 노래도 재밌고 춤도 정말 웃겨요."

한 아이가 옆에서 조용히 웃고 있는 여자 아이를 가리키면서 말했습니다.

"얘는 한국 가수를 좋아해요."

"한국 가수 누구를 좋아하니?"

아이는 눈을 반짝거리면서 말했습니다.

"샤이니 좋아해요. 나중에 어른이 되면 돈을 모아서 한국에 갈 거예요. 샤이니 말고 다른 아이돌도 많이 좋아해요. 여기서 싸이를 모르는 애들은 아무도 없어요. 캠프에 들어온 아이들 모두 강남스타일 춤을 출 줄 알아요."

한국을 알고 있고 한국의 아이돌을 좋아한다고 말한 아이는 그 자리에서 강남스타일 춤을 보여주었습니다. 2012년 제가 만난 스웨덴 아이들에게 대한민국을 설명하는 세 단어는 바로 아리랑, 태권도, 싸이였습니다.

2013년 2월에는 이탈리아, 영국, 프랑스 3개국의 초·중·고·대학교 및 각국의 교육청을 방문하고 수업을 참관하였습니다(2013 전국창의·인성유공 교원해외연수). 그때 찾아갔던 프랑스의 한 초등학교의 학생들은 우리가 한국에서 온 분이라는 말을 듣자마자 더 말하지 않고 그 자리에서 "오빤 강남스타일~" 노래를 부르면서 춤을 췄습니다.

수십 명의 프랑스 초등학생들이 어색하지 않은 한국말로 부르는 강남스타일은 신기했고, 놀라웠습니다. 이탈리아에서 만난 가이드는 이미 몇 주 전에 로마 길거리에서 젊은이들 수천 명이 모여서 강남스타일 춤을 추며 노래를 불렀다는 이야기를 했습니다. 비슷한 일들이 세계 곳곳에서 있었다는 설명을 들으면서 잠시 멍해졌습니다. 그것은 이른바 문화적인 충격이라고 해야 맞을 것입니다.

대한민국을 대표하는 것으로 S전자, H자동차, 아리랑, 김치만을 생각하던 이들에게 한국의 아이돌 이름을 익숙하게 외우고 있고, 싸이 춤을 추며 노래 부르는 외국 아이들은 충격 그 자체였습니다.

나는 나, 싸이에게서 배우는 개성의 힘

싸이는 그 누구와도 닮지 않았습니다. 유명해지면 사람들이 흔히 "제2의 ○○"라고 말하지만 싸이는 그런 소리를 들어본 적이 없습니다. 싸이는 그냥 싸이기 때문입니다. 개성 있는 사람이 성공하는 것을 보여준 가장 좋은 사례, 바로 싸이가 아닐까 생각합니다.

'싸이' 하면 가장 먼저 콘서트에서 땀 흘리는 그의 모습이 떠오를 것입니다. 방송에서 그를 만날 수 없을 때도 그는 꾸준히 콘서트를 열고 무대에서 팬들을 만나왔습니다. 콘서트에서 그를 보러 온 팬들을 위해 거침없이 땀 흘리고 뛰는 그는 그의 노래에서 볼 수 있는 저속한 가사나 별 것 없어 보이는 반복되는 멜로디가 아니라, 싸이 그 자체입니다. 가장 솔직하고 가장 거침없는 모습으로 말입니다.

흔히 말하는 B급 가수로 살아왔던 그가 지금처럼 성공한 것은 바로 싸이 만이 갖고 있는 개성 때문입니다. 싸이가 다른 누구와도 닮지 않았기 때문에 바로 그것으로 그는 싸이라는 퍼스널 브랜드를 갖게 되었고, 이후에는 그것이 곧 싸이 자신을 설명하는 말이 되었습니다. 싸이는 '독특한 것=신나는 것=싸이'라는 공식을 만들어버린 것입니다.

그는 2012년 이미 "싸이"라는 하나의 브랜드였고 전 세계 사람들에게 자신의 네임 브랜드를 노래와 춤으로 각인시켰습니다. 그는 백악관 만찬에 초대받고, 전용 전세기를 타고 다른 나라에 콘서트 가며, 세계의 가장 영향력 있는 한 사람으로 꼽힙니다. 그가 새 노래를 발표한다고 하면 수없이 많은 사람들이 유튜브로 그의 동영상을 보고 또 봅니다. 노래를 따라 부르고, 신나게 열광하면서 말입니다.

그 전까지 한국에서 싸이는 군대를 두 번 간 가수, 독특한 괴짜 같은 사나이였습니다. 잘 생기지 않은 외모에 배는 불룩하고, 추는 춤마다 우스꽝스럽고 가사는 저속합니다. 애틋한 사랑 이야기도 아니고, 그냥 생각 없이 툭툭 내뱉는 것 같은 말투로 노래하는 그는 어느 면으로 봐도 한국에선 참 사랑받기 어려운 스타일이었습니다.

텔레비전에서는 각종 예능 프로그램마다 순정만화에서 막 오려낸 것처럼 곱상한 외모의 아이돌이 수십 명에 이릅니다. 이런 속에서 그의 외모나 노래는 그저 독특하다고 밖에 말하기 어려웠습니다. 그런데 그런 그가 엄청난 대히트를 치고 유례없는 반전의 역사를 써버린 것입니다.

"못 생겨도 괜찮아, 키 작아도 괜찮아, 나는 그냥 나니까."

그를 보면 그런 말이 저절로 떠오릅니다. 젠틀맨, 강남스타일, 연예인 같은 노래 속에서 그는 자유롭습니다. 한없이 저속하지만 세계인들에게 뜨겁게 사랑 받았습니다. 이왕이면 멋지고 아름다운 노랫말을 써야 한다고 말해도 소용없습니다. 그냥 싸이는 싸이니까요.

기왕이면 다홍치마, 맛보다 멋이라는 오랜 정서에서 못생겨도 나는 나니까 괜찮다고 외치는 사람이 얼마나 될까요. 싸이는 그래서 의미 있는 사람이고, 우리가 배워야 할 것이 많은 연예인이라고 생각합니다. 개성과 독창성, 나만의 독특한 퍼스널리티를 보여준 사람이고, 그것이 성공할 수 있다는 것을 가장 싸이다운 자신 만의 스타일로 보여주었기 때문입니다.

우리의 정서는 다른 것에 대해 거부감이 많습니다. 반만년 가까운 긴 시간 동안 단일 민족으로 한반도에서 터전을 일구며 살아온 우리에게 낯설고 새로운 것은 어쩌면 가장 받아들이기 힘든 것인지도 모릅니다. 그런 까닭에서 아이들에게도 '다른 것'보다 '같은 것'에 대해 강조해왔는지도 모르겠습니다.

외국에서 강남스타일을 보고 들으면서 느꼈던 것은 우리가 놓치고 있던 '개성'의 힘이 뒷받침될 때 자신이 갖고 있는 역량의 200%를 발휘해낼 수 있다는 것이었습니다. 교실에서 우리가 만나는 수십 명의 아이들은 모두 다릅니다. 이 다름이 힘이 될 때 세상에서 가장 강력한 무기가 될 수 있다는 것, 그것이 그 해 유럽 5개국에서 보고 들은 싸이의 힘이었습니다.

싸이는 흔히 생각하는 위인은 아닐지 모르지만, 분명 세계에 한국의 이름을 널리 알린 대단한 인물인 것은 틀림없습니다. 아이들이 그에게서 '개성'과 '퍼스널브랜드(Personal Brand)의 힘을 읽어냈으면 좋겠습니다. 그러기 위해서는 선생님들 또한 아이들의 저마다 다른 점을 칭찬하고 격려해주어야 할 것입니다.

"똑같은 것보다 다 다른 것이 좋아."

평소 아이들에게 아침 훈화 시간에 자주 해주는 말입니다. 똑같은 것보다 다 다른 것, 나만 달라도 아무렇지 않은 것, 그것이 지금 우리에게 가장 필요한 부분입니다. 세계화의 다른 이름은 바로 "달라도 괜찮아"이기 때문입니다. 그래서 세계로 뻗어나갈 아이들이 반드시 넘어서야 할 벽은 '영어'가 아니라 바로 '달라도 괜찮아'의 벽일지도 모릅니다.

우리 아이들에게 싸이처럼 개성 넘치는 사람이 성공하는 이야기를 들려주면서 "똑같지 않아도 괜찮아. 달라도 괜찮아. 너는 그냥 너니까. 그 자체로 소중해" 이야기해주면 좋겠습니다.

나만의 퍼스널브랜드를 만든다는 것은 바로 그러한 것입니다. 남들과 다른 차별점을 찾아내고 내가 갖고 있는 장점을 보게 하는 것, 앞으로 우리가 아이들에게 지도해야 하는 부분입니다. 장점보다 단점에 집중한 교육을 통해 못 하는 과목을 공부하고, 자신 없는 것을 더 공부해왔다면 앞으로는 자신의 장점과 남다른 점을 찾아내 계발하는 것에 초점을 두어야 할 것입니다.

진로 교육 멘토링 톡! Talk?

싸이에게서 배우는 리더십 키워드 "개성"

01 싸이를 한마디로 말한다면 어떤 사람이라고 할 수 있을까요?

02 개성이란 어떤 것일까요?

03 다른 친구에게는 없고 나만 갖고 있는 나의 장점은 어떤 것이 있을까요?

04 내가 가진 나만의 독특한 개성을 칭찬하는 글을 써보세요.

▲ 싸이(사진출처©Eva Rinaldi)

02

도전 : 김연아, 끈기의 힘

인생은 퍼즐과도 같다

2013년 여름 크게 인기를 끌었던 드라마 "너의 목소리가 들려"에 이런 이야기가 나옵니다.

"100조각짜리 코끼리 퍼즐을 다 맞추지 않고 80조각만 맞추어도 그 그림이 코끼리 그림이라는 것은 누구나 알 수 있습니다. 즉, 그것이 다람쥐가 아니라 코끼리라는 것은 나머지 20 조각을 채우지 않아도 알 수 있는 것입니다. 그러나 나머지 20조각을 채우지 않으면 코끼리가 앞발로 공을 차고 있는 그림인지, 코끼리가 앞발을 들어 사람을 죽이려고 하고 있는 것인지 알 수 없습니다. 그래서 우리는 퍼즐의 마지막 조각을 다 맞추어야만 하는 것입니다."

정말 그렇습니다. 우리는 모두 인생이라는 퍼즐을 맞추고 있습니다. 아이들은 자신의 퍼즐이 어떤 그림이 될지 전혀 모르는 백지부터 시작하여,

자라는 동안 평생을 두고 서서히 그들의 그림을 완성시켜 갑니다.

그런데 여기서 중요한 것은 인생 퍼즐은 끝까지 다 맞춰야 그 그림이 어떤 모습인지 알 수 있다는 것입니다. 지금 당장 아이들의 한 모습만 보고 그 아이의 앞으로의 모습이 어떨 것이라고 쉽게 말해서는 안 되는 이유입니다. 언제든 달라질 수 있는 인생의 퍼즐은 중간에 봐서는 어떤 그림이 될지 아무도 모르기 때문입니다.

진로 교육은 아이들이 생각한 밑그림을 끝까지 그려갈 수 있도록 노력하는 자세와 끝없이 도전하는 힘을 키워주는 교육이어야 합니다. 넘어져도 괜찮다고 어른들이 먼저 손 내밀어주는 사회가 되어야 하고, 지금 포기하기엔 너무 이르다고 다독여주는 사회를 만들어야 합니다.

2013년 카이스트에 새로 부임한 강성모 총장은 좌우명을 VIP라고 말하였습니다. 목표(Vision)를 갖고, 꾸준히 혁신(Innovation)하면서 끝까지 참고 인내(Patient)하는 것이 꿈을 이룬다는 뜻입니다. 강성모 총장이 말했듯이 꿈을 이루기 위한 마지막은 바로 퍼즐을 끝까지 맞추고자 하는 '끈기'입니다.

대부분 자기 계발서에는 "간절히 원하는 것은 이루어진다."라는 말이 나옵니다. 그러나 책을 읽고 마음속으로 간절하게 원해도 쉽게 부와 성공을 이룰 수 없는 이유는 '할 수 없다'는 부정적인 생각을 품었기 때문이 아니라 꿈을 이룰 수 있는 가장 결정적인 마지막 2%를 채우려고 하지 않기 때문입니다.

만약 누군가의 꿈이 설명할 수 없을 정도의 뿌리 깊은 간절함이라면 그것은 결국 어떤 식으로든 이루어집니다. 그런데 이렇게 간절히 원하는 것을 이루기 위해서 꼭 필요한 한 가지가 바로, 실행에 옮겨 "반드시 해내고야 마는 끈기와 근성"입니다.

도중에 실패하더라도 끝까지 포기하지 않고 해내는 힘, 그만두고 싶을 만큼 지친 순간에도 다시 일어나는 힘, 남들이 다 너는 안 된다고 말할 때도 할 수 있다고 믿고 다시 도전하는 힘, 그것이 바로 끈기고, 남과 다른 나를 만드는 결정적인 2%입니다.

꿈을 막연하게 생각하는 것과 꿈을 이루는 것은 전혀 차원이 다른 문제이며 아이들에게 진로를 이야기할 때 우리가 반드시 함께 설명해야 하는 부분입니다. 마침 우리에게는 이 끈기를 설명할 가장 좋은 모델이 있습니다. 바로 김연아입니다.

퀸 연아에게 배우는 끈기

동계 올림픽 피겨 부문 2연패 금메달리스트인 카타리나 비트는 김연아에 대해 이렇게 말했습니다.

"스케이팅에도 격이 있고 질이 있어요. 연아의 스케이팅이 특별한 건 순수함 때문에, 불순물이 하나도 섞이지 않은 진짜배기라는 느낌 때문이에요. 음악적이고, 때로는 드라마를 전달하는 힘이 강해서 보는 사람을 뒤흔들어 놓죠. 무엇보다 모든 기술이 믿어지지 않을 만큼 정확해요.

그렇게 점프를 뛰는 건 얼마나 많은 연습을 했는지를 보여주는 증거에요. 그래요. 재능도 절대 무시할 수 없는 거예요. 그런데 그렇게 물 흐르듯, 자연스럽게 기술 하나 하나를 해내려면 참 많은 연습을 해야 해요. 몸에 기술이 완전히 익숙해져서 나와 스케이팅이 하나가 되는 수준이어야 하거든요."

무협지에서는 검(劍)과 합일되어 검이 나, 내가 검인 물아일체의 경지에 오른 검객을 초절정 고수라고 말합니다. 스케이팅과 하나가 되는 수준에 오른 김연아는 말하자면 피겨 계의 초절정 고수인 셈입니다. 피겨 계의 초절정 고수 김연아, 세계인은 그를 "퀸 연아"라고 부릅니다.

퀸 연아,

그는 피겨 불모지였던 대한민국에서 피어난 세계 피겨의 꽃입니다. 김연아 선수 이전의 대한민국은 피겨 경기가 열려도 남의 나라 경기였을 뿐이었습니다. 그런데 지금은 전 국민이 트리플 악셀이니 컴비네이션 점프라는 말을 어렵지 않게 이해합니다. 새벽이고 밤이고 낮이고 할 것 없이 대한민국 국민 모두가 텔레비전 앞에서 숨죽이며 그의 경기를 지켜봅니다.

김연아는 전 세계 여자 싱글 피겨 선수 중에서 가장 많은 신기록을 갖고 있는 선수입니다. 프로 선수가 된 이후로 단 한 번도 포디움(podium 선수들이 시상할 때 서는 단) 밖으로 밀려난 적이 없는 선수는 김연아가 유일하며, 이 기록은 전 세계 피겨 싱글 여자 부문 선수 중 김연아만 갖고 있는 기록이라고 합니다.

2010년 밴쿠버 동계 올림픽에서 당당히 금메달을 차지한 우리의 자랑스러운 퀸 연아. 더 이상 피겨 스케이팅 선수로는 만날 수 없게 되었지만 2014년 소치 동계 올림픽에서도 그는 완벽한 연기로 은퇴 무대를 마무리하여 전 국민에게 큰 감동을 주었습니다.

김연아를 말할 때 많은 이들은 그가 갖고 있는 기록과 탁월한 기량, 선수로서의 훌륭한 자질들을 말합니다. 그러나 학생들에게 김연아를 이야기할 때는 선수로서의 훌륭함보다 "김연아의 끈기"를 이야기해주어야 한다고 생각합니다. 한 번의 점프를 위해서 만 번을 연습하며, 수백 번을 넘어지고 또 넘어져도 다시 일어나서 연습하고 또 연습한다는 그는 피겨의 천재가 아니라, 연습의 천재라고 해야 맞을 것입니다.

스케이트화가 맞지 않아서 몇 번이고 테이프로 감고 경기에 설 때의 암담함, 수없이 많은 관객들이 지켜보는 속에서 숨이 막힐 듯한 긴장감을 참아낼 때의 두려움, 매일 경기장에서 쳇바퀴 돌 듯 연습해야 하는 스트레스, 세계 최고가 되고서도 마음 놓고 쉴 수 없는 빡빡한 일정들.

그러나 김연아는 이 모든 것을 견디고 이겨내 세계에서 가장 훌륭한 피겨 스케이트 선수가 됩니다. 우리에게 김연아 선수가 가르쳐준 것은 해내겠다고 마음먹은 일은 기필코 해내고야 마는 뚝심이며, 끝없는 연습만이 이 모든 것을 가능하게 한다는 것입니다.

목표가 있는 사람만이 끝까지 달려갑니다. 그리고 그 목표가 확고하고 의지가 강할 때 끝까지 포기하지 않고 도전합니다. 끝없는 도전과 노력만이 그를 최고로 만들어줍니다. 성공하기까지는 셀 수 없이 많은 시간을 자신과 싸우고, 또 싸워가며 버티고 또 도전해야만 합니다. 그 마지막 2%를 채우지 못하면 꿈은 결코 이룰 수 없습니다. 아이들에게도 마지막을 채우는 것은 바로 "끈기"임을 가르쳐주어야 합니다.

전용 훈련장이 없어서 스케이트장을 빌려가며 연습하고, 후원 업체도 없어서 후원해줄 기업을 찾아다니던 김연아는 지금 전 세계에서 가장 유명한 선수이며, 세계에서 가장 많은 돈을 번 여자운동선수이기도 합니다. 누가 이런 김연아를 보고 열악한 환경에서는 꿈을 이루기 어렵다고 말할 수 있을까요. 그는 학생들에게 꿈을 이야기할 때 빼놓아서는 안 되는 인물입니다.

"할 수 있는 모든 것을 했다. 그래서 나는 만족한다"

그의 2014 소치 동계 올림픽 후의 은퇴 인터뷰는 그래서 정말 아름답고 멋집니다. 꿈을 이루기 위해서 참아내야 할 것이 얼마나 많은지 그는 가르쳐주었습니다. 넘어지고 다치고 울면서도 다시 일어나는 힘, 그 힘을 아이들이 가질 수 있도록 해주어야 합니다. 아이들 스스로 자신을 통제하고 조절할 수 있는 자기조절능력을 길러주어야 하고, 작은 일도 성실하게 끝까지 마무리하는 약속을 지키는 습관을 갖도록 지도해야 합니다.

학생들에게 꿈을 이루고 싶다면 그 꿈이 정말 간절하다면 꾸준하게 노력하고 또 노력하는 끈기를 갖도록 지도해주어야 하고, 이것은 곧 공부에서도 시험에서도 끝까지 집중해서 노력하는 힘과 직결됨을 가르쳐주어야 합니다.

"끝없이 노력하고 또 노력하면, 연습하고 또 연습하면, 도전하고 또 도전하면 꿈을 이룰 수 있다. 김연아처럼 말이야."

쉽게 포기하고 인생을 쉽게 생각하는 아이들에게 이런 부분을 가르쳐주어야 합니다. 우리 아이들에게 포기하지 않고 끝까지 가는 힘이 지금의 김연아를 만들었다고 이야기해주었으면 합니다.

진로 교육 멘토링 톡! Talk?

김연아에게서 배우는 리더십 키워드 "도전"

01 김연아 선수에게도 스케이트를 그만두고 싶어질 정도로 심각한 슬럼프가 있었습니다. 이 기간을 김연아 선수는 어떻게 이겨냈을까요?

02 김연아 선수가 중간에 포기하고 싶었을 때 여러분이 옆에 있었다면 어떤 말을 해주고 싶은가요?

03 김연아 선수를 연습의 천재라고 부르는 이유는 무엇인가요?

04 김연아 선수에게서 여러분이 배울 점은 무엇인가요?

▲ 김연아(사진출처 ©David W. Carmichael)

03

변화 : 개혁 군주 정조에게서 배운다

조선은 500년이라는 긴 세월을 단일 왕조가 지켜온 국가입니다. 이삼백년을 유지하기도 힘들지만 이렇게 500년 가까이 단일 왕조로 국가를 유지한 경우는 세계사에서도 몹시 드문 일입니다. 우리 조상들이 지켜온 이 역사는 조선왕조실록과 승정원일기에 그 내용이 상세하게 적혀 있습니다. 이 위대한 기록 정신은 1910년 조선이 망할 때까지 이어져서 세계기록유산으로 지정된 지금도 우리에게 많은 것을 가르쳐주고 있습니다.

아이들에게 역사를 왜 배우는지 물어보면 대부분 별 생각 없이 그냥 배운다고 답합니다. 그렇지만 역사는 우리 조상들이 살아온 지난날의 기록이며, 이 과거의 유산을 통해 우리는 현재와 미래를 배웁니다. 우리가 역사 속의 과오들을 제대로 바라보고 지금의 교훈을 찾는 자세로 공부할 수 있다면 아이들은 역사를 통해 오늘날 우리의 모습을 이해하고 다음 시대를 계획해갈 수 있을 것입니다.

교과서에 나오는 "내용"만을 이야기할 때는 조선은 자칫 외세의 침략을 수없이 받은 힘없는 나라, 양반과 노비의 신분 차별, 무능한 왕과 민란들이 먼저 떠오를 수 있습니다. 그러나 조선에는 유교에서 말하는 인(仁)을 실현하고자 노력한 훌륭한 왕들이 있었습니다. 이후로도 이전에도 없는 치적(治積)을 세운 훌륭한 세종대왕이 있고, 조선 후기에는 정조와 같은 개혁 군주가 있습니다.

동선시(東善時) 부유불쟁(夫唯不爭),

"모든 개혁은 때가 있으므로 지금은 낡은 제도를 고치고 새로운 것을 만들 때다"

이는 도덕경에 나오는 글귀로 정조가 좋아했던 문장이었다고 합니다. 중세에서 근대로 이행되는 역사적 시기를 어떻게 보내느냐에 따라 근대국가는 그 운명을 달리 했습니다. 이 시기를 잘 보낸 국가가 현대 사회에서 가장 빨리 발전을 시작하고 세계 시장을 이끌어가는 강대국으로 성장하는 것을 우리는 세계 역사에서 익숙하게 보아왔습니다.

근대사회로 넘어가는 이행기에 조선은 정조라는 걸출한 군주를 만나 새로운 사회로 발돋움합니다. 정조는 시전에서 상인들을 만나 이야기를 듣기도 하고, 당시로서는 파격적으로 중인이나 서얼을 등용하기도 하고, 수원으로 수도를 천도하려 하기도 합니다. 정조는 이 시대로 말하면 최고의 이노베이터(inovator)였습니다.

정조는 죽기 직전까지 화성의 공사 마무리를 위해 고민했습니다. 그는 화성의 주변을 둘러싸는 관개수로가 있다면 살기에 더욱 편하고 경제 생활에 도움이 많이 될 것이라는 말도 했습니다. 이 때 화성으로 왕이 능행을 떠날 때 편하게 갈 수 있도록 강을 건널 다리를 놓았던 것이 바로 정약

용입니다. 정약용은 당대 최고의 실학자로 천재적인 감각을 발휘하여 화성을 설계하고 거중기 같은 발명품을 만들어냅니다. 이런 학자들이 마음 놓고 실용적인 학문을 연구할 수 있도록 지원했던 정조였습니다.

근대 사회로 나아가기 위해 조선이 걸어야 할 길은 변화와 개혁의 길이었습니다. 정조는 그것을 일찌감치 파악하고 어떻게 하면 조선 백성이 살기 좋은 사회를 만들 것인지 고민하고 실천하고자 노력했습니다. 진정한 개혁 군주의 모습을 찾을 수 있는 이유입니다.

> 뛰어난 군주는 좌우에 있는 신하가 모두 군주를 스승처럼 모시고 우러러 보며, 중급 군주는 곁에 있는 신하와 모두 친구가 되며, 하급인 군주는 사람의 선악을 구별하지 못해 자기 뜻에 영합하는 자만 쓴다. -《한비자》-

한비자가 이야기한대로 정조는 '뛰어난 군주'였습니다. 좌우의 신하가 모두 군주를 스승처럼 모시고 우러러 보았기 때문입니다. 그는 왕권을 강화하는 데 힘을 쏟았고, 왕권이 강화된 뒤에는 오랜 시간 숙고하고 계획을 세운 뒤 그 계획들을 실천에 옮겼습니다.

그는 왕위에 오르기 전 무려 14년이라는 긴 시간 동안 세손으로 지냈습니다. 그의 아버지 사도세자가 뒤주에 갇혀 비참하게 죽은 뒤, 그의 아들로서 정적(政敵) 노론에게 언제 죽임을 당할지 몰라 전전긍긍하며 살아야 했던 시간들이었습니다. 영조가 세손이었던 정조에게 왕위를 물려주기 전에 군사권과 인사권을 동궁에게 넘기는 절차를 밟았던 것을 봐도 그만큼 그의 입지는 심각하게 불안했습니다. 이는 군사권을 동원해야 할 정도의 위태로운 일이 생길 수 있다는 뜻이었기 때문입니다.

연산군은 어머니를 죽인 사건을 계기로 사화를 일으켜 관련된 모든 사람을 죽이지만, 정조는 세손으로 지내는 14년 동안 정치가 무엇인지 제대로 배운 군주였습니다. 그는 정적을 죽이는 것을 먼저 하지 않았습니다. 노론이 판치는 세상에서 노론을 죽이는 일을 먼저 한 게 아니라 그들에게서 신임을 얻고, 그들을 포용하는 정치를 한 것입니다. 그는 노론의 영수인 김종수를 한 편에 두고, 채제공이라는 훌륭한 관리를 또 한편에 둡니다. 채제공은 "개혁이란 대나무를 쪼개듯이 정확해야 한다."고 말한 진보적인 인사였습니다. 이렇듯 보수와 개혁을 양손에 쥘 수 있는 정조야말로 정말 뛰어난 정치가였을 것입니다.

정조는 노론의 위협 속에서 어렵게 왕위에 오르지만 오히려 노론, 소론, 심지어는 남인까지 모두 아우르는 정국을 펴는 것으로써 사람이 정치에서 가장 중요함을 보여주었습니다. 뛰어난 정치가로서의 그의 면모는 세심하고 치밀한 준비에서 드러납니다. 오랜 시간 준비하고 계획한 후에 실천하는 정치는 그의 시대에 강한 왕권을 바탕으로 한 강력한 군주제를 실천할 수 있는 힘이 됩니다. 제대로 된 개혁이란 철저한 준비와 연구가 뒷받침 될 때에만 가능하다는 것을 정조는 보여줍니다.

규장각에서 키워낸 학자들이 실학을 공부하고, 실학을 공부한 이들이 다시 백성과 나라 경제에 도움이 되는 학문을 다시 연구하니, 이런 과정에서 조선 후기의 학문과 경제가 꽃을 피웁니다. 《북학의》 박제가, 연암 박지원, 다산 정약용 등 불세출의 실학자들이 모두 정조의 신임과 사랑을 받았던 이들입니다. 정조는 이들의 연구를 바탕으로 백성을 잘 살게 하는데 가장 큰 목표를 두고 경제, 화폐, 유통, 세금 등의 제도를 개혁했습니다.

정조는 개혁을 위해서면 어떤 것도 마다하지 않았는데, 파격적으로 정치·경제·사회·문화 다방면에서 인재를 두루 등용하기 위해 서얼을 등용했고, 중인들도 기술직으로 뽑아 등용을 확대했습니다. 규장각에서 인재를 확충했고, 장용영을 따로 편제해 문과 무를 함께 발전시키고자 했고, 균역에 대한 문제, 사노에 대한 폐단을 정리했습니다.

상업중심도시로 화성을 키우고 시장 경제를 활성화시키기 위한 계획을 세워 실천했던 것도 역시 훌륭하지만, 다른 모든 것을 떠나 사람에 대해 가치를 두고 사람을 중심으로 하는 세상을 만들고자 한 생각이야말로 가장 개혁 군주다운 생각이었다고 생각합니다. 한 시대를 앞서가는 혜안(慧眼)을 가진 정조였습니다.

우리는 이러한 정조의 개혁 정치를 통해 많은 것을 배울 수 있습니다. 그의 생각의 중심은 언제나 사람이었다는 것, 그리고 오랜 기간 연구하고 준비했을 때 비로소 실천하였다는 것, 옳다고 믿은 목표를 위해서 파격적인 제도의 탈바꿈을 시도했다는 것, 세상의 이익을 위해서 자신의 개인적인 복수를 접었다는 것 등이 바로 그것입니다.

세상은 결국 바꾸고자 마음먹은 사람들에 의해서 변화됩니다. 크든 작든 변화에 대한 의지가 있을 때 비로소 바뀌는 것이지요. 우리 학생들은 미래 사회의 변화를 주도해야 할 주인공들입니다. 많은 이들을 이롭게 하겠다는 올바른 신념을 가지고 미래를 위해 변화에 대한 확신으로 앞날을 설계해갔으면 좋겠습니다. 우리 학생들에게 이러한 변화와 개혁의 방법과 생각들을 지도해주셨으면 합니다.

04

용기와 균형 : 섬김의 리더십을 보여준 김수환 추기경

남아프리카 공화국의 넬슨 만델라 대통령이 세상을 떠난 다음 날, 영어수업을 같이 하던 남아공 출신 원어민 교사는 수업 중에 그의 이야기를 하면서 울먹였습니다. 가족들이 비통한 목소리로 만델라 대통령의 서거를 새벽에 알려왔다고 말하던 그는 진심으로 슬퍼보였습니다.

만델라 대통령을 남아공 국민 모두의 아버지라고 말하던 그를 보며 대한민국 국민에게도 슬픔과 기쁨을 함께 할 훌륭한 정치 지도자가 있으면 좋겠다고 생각했습니다. 그리고 국민들에게 정치인보다 더 많은 영향력을 끼쳤고 평화와 조화, 그리고 용기와 균형이라는 어려운 리더십을 삶을 통해 실천했던 고 김수환 추기경을 떠올렸습니다.

그는 아시아 최초이자 최연소 추기경이며, 동시에 우리나라 최초의 추기경이었습니다. 그는 평생 동안 쉬운 길을 걸어본 적이 없었습니다. 어릴 적에는 가난으로 고생했고, 일본 유학 시절에는 학도병으로 일본의 태평

양 전쟁에 끌려가기도 했고, 한국에 돌아와서는 현실적으로 가장 어려운 지역의 교구들을 맡아가며 헌신해야 했습니다.

넬슨 만델라가 평생을 남아공의 민주화를 위해 투신했다면 김수환 추기경은 독재의 서슬이 퍼랬던 시절에 정권에 맞서는 구심점이었습니다. 시국 선언을 발표하고, 정권을 향해,

"양심이 있는 정권인지 묻고 싶다"

고 말하던 그였습니다. 그런 말을 할 수 있는 사람이라면 자신도 정권에 의해 휘둘리지 않을 만큼 당당한 사람이어야 하고, 국민들에게 올바른 신념에 의한 선택이었음을 보여줄 수 있는 사람이어야 합니다. 아마도 평생을 신앙에 의한 옳은 길만 걸어온 그였기 때문에 가능한 말이었을 것입니다.

명동 성당에서 보호하고 있던 시위 학생들을 진압하여 잡아 가려 하는 경찰에게

"경찰이 들어오면 맨 앞에 내가 있을 것이고, 그 뒤에는 신부들, 그리고 그 뒤에는 수녀들이 있을 것이오. 그리고 그 뒤에 학생들이 있을 것이오."

라고 말하는 그의 모습은 정치인이 아니지만 정치인보다 더 당당하고 훌륭했습니다. 당시 그의 이런 행동에 대해서 많은 논란이 있었습니다. 사제들이 양심선언을 하고 시위에 가담하여 잡혀가면 그에 대한 시국 미사를 집전하고, 미사를 집전하고 나면 또 누군가 잡혀가고, 풀려나고 하는 일들이 계속 반복되었던 것입니다. 그에게는 일거수일투족을 감시하는 정부 기관원들이 늘 따라다녔고, 24시간 그의 생활 모두를 도청을 통해 감시했습니다.

이런 많은 논란과 정부의 압박, 또 그를 바라보는 일반 국민과 신도들의 기대, 이 모든 것들이 그를 깊이 고뇌하게 했을 것입니다. 그러나 그 모든 시절을 견디고 끝까지 잘 이끌어간 그는 진정한 평화와 균형이 무엇인지 우리에게 보여주었습니다.

그래서 우리에게 김수환 추기경 같은 종교지도자가 있다는 것은 참으로 다행스러운 일입니다. 그는 종교를 떠나 지금의 청소년들에게 '진정한 용기'와 '균형' 그리고 그 모든 것을 아우르는 '조화'에 대해서 이야기해줄 수 있는 가장 좋은 모델이기 때문입니다.

많은 학생들은 용기를 겁 없는 것 정도로 단순하게 생각합니다. 그래서 골목에서 여러 명의 깡패를 만났을 때 도망가는 것은 비겁한 행동이라고 생각하고, 싸움을 잘 해서 다른 사람을 시원하게 때려주는 것은 용기 있는 것으로 생각합니다. 그러나 진정한 용기는 모두가 침묵하는 순간에도 침묵하지 않고 올바른 신념에 따라 행동하는 것입니다.

학생들이 윤리적인 문제, 사회와 복지 문제, 그리고 정치와 민주주의의 가치 정립 등 다양한 문제에 관심을 갖고 생각해보게 하는 힘을 갖도록 지도해야 합니다. 어린 학생들이 올바른 민주 시민으로서 자라나기 위해서는 사회의 문제를 제대로 바라볼 줄 알아야 하기 때문입니다.

가끔 뉴스에서 복지의 사각지대를 이야기하고, 가난한 이들이 제대로 살아갈 수 없는 어려운 현실을 이야기할 때 우리는 불편한 마음을 느끼는 것으로 끝납니다. 하지만 많은 이들이 한 목소리로 국가의 복지 정책의 문제점을 지적하고 고치기를 원하면 정책이 생겨나고, 제도가 고쳐집니다. 국민이 국가를 이끌어가는 것이 민주주의의 올바른 이념이고 목표임을 학생들에게 지도해주어야 한다는 뜻입니다. 종교인이지만 종교인이 아니라 한 사람의 지도자로서 고 김수환 추기경을 바라보아야 하는 것도 그래서입니다.

이렇게 행동하는 종교 지도자로서의 김수환 추기경이 가장 추구했던 것은 많은 이들의 행복과 평화였습니다. 그는 모든 사람을 사랑하고 많은 이들이 행복한 세상을 원했습니다. 그래서 다른 종교와의 균형적인 조화를 추구하였습니다. 생전에 법정스님과의 친분을 오래도록 지켜온 것도 불교와 우리 민족의 정서가 닿아있다고 생각했기 때문입니다. 그는 '부처님 오신 날'에 법정스님에게 카드를 보내기도 하고, 직접 절에 찾아가기도 했습니다.

그의 이런 모습들은 많은 이들에게 가슴 가득 평화의 메시지를 심어주었습니다. 우리가 흔히 특정 종교의 배타적인 부분을 이야기하면서 불편해하는 것과는 많이 다른 모습입니다. 어떤 종교든 가장 근본적인 목적은 마음의 평화와 행복입니다. 가슴에 인간에 대한 따뜻한 애정을 품지 않은 이가 종교인으로서 살아갈 수는 없습니다. 우리는 학생들에게 조화와 균형, 그리고 실천하는 삶에서의 종교를 가르쳐주어야 할 것입니다.

진정한 종교인이 많아진다면 우리가 살아가는 이 세상이 좀 더 따뜻해지지 않을까요? 종교를 통한 인생의 아름다움과 평화, 그리고 공존의 가치를 찾아가는 것이야말로 인간의 기본적인 품성이기 때문입니다. 아이들에게 아름다운 마음의 평화를 찾는 일을 김수환 추기경처럼 평생의 삶을 통해 올곧게 보여준 이에 대해 이야기해주었으면 좋겠습니다.

김수환 추기경에게서 배우는 "용기"와 "균형"

01 김수환 추기경은 어떤 일을 한 사람인가요?

02 김수환 추기경은 용기, 균형, 섬김을 평생의 삶을 통해 실천하였습니다. 여러분의 삶에서 가장 중요하게 생각하는 것은 어떤 것들인가요?

03 김수환 추기경의 삶에서 내가 배워야 할 것은 무엇인가요?

04 리더로서 다른 사람을 섬긴다는 것은 무엇을 뜻할까요? 함께 생각해봅시다.

05

나눔 : 한국의 슈바이처 이태석

아이들이 미래 직업으로 가장 많이 선호하는 것 중 하나가 바로 '의사'입니다. 의사는 사람의 생명을 다루는 만큼 더없이 소중하고 훌륭한 일을 하는 사람입니다. 그런데 요즘은 아이들에게 왜 의사가 되고 싶은지 물어보면 아픈 사람을 치료해주고 싶다는 말보다 돈을 많이 벌기 때문이라고 대답하는 경우가 더 많습니다.

돈을 많이 버는 것은 자본주의 사회에서 당연한 욕구지만, 아이들이 의사의 꿈을 단순하게 돈을 버는 것 하나만으로 치부하는 것 같아 안타깝습니다. 저는 이태석 신부의 이야기를 의사가 되고 싶어 하는 아이들에게 꼭 들려줍니다. 이미 책과 영화로 많이 알려져 있지만 그의 삶은 학생들에게 반드시 이야기해주어야 할 아름다운 모습 중 하나기 때문입니다.

그는 사제이기 전에 의대를 졸업한 의사였습니다. 군의관으로 군대에서 복무한 후 사제의 길에 들어섰고, 이후 사제이면서 의사로서 낯선 땅

수단에서 평생을 보냈습니다. 마흔 여덟이라는 젊은 나이로 세상을 떠나기 전까지 그가 머나먼 아프리카 수단 땅에서 했던 일은 한 사람이 해냈다고는 믿어지지 않는 엄청난 일들이었습니다. 왜 우리나라 땅이 아니라 외국 땅이냐 묻는 것은 그가 한 일 앞에서 너무나 바보 같은 질문일 것입니다.

그가 머물던 수단은 아프리카의 오지 중 오지이며, 그 중에서도 수단 남부에 해당하는 톤즈는 오랜 기간 내전을 겪어 폐허가 되어버린 지역이었습니다. 그는 그곳에서 카톨릭 선교회 소속 신부로서 선교 활동을 펼쳤고, 말라리아나 콜레라 같이 전염병으로 죽어가는 주민을 위해서 병실 12개짜리 병원을 세웠습니다. 병원이라고 해봐야 흙으로 담을 세우고, 짚으로 엮은 지붕이 전부였지만 이 병원까지 찾아오는 환자들이 수도 없이 많았습니다.

그가 돌본 이들은 하루에 200~300명에 이르렀고, 대부분 전염병 환자나 나병 환자들이었습니다. 가족마저 외면하고 저버리는 나병 환자들이 발이 문드러져 맨발로 다니다가 상처를 자주 입는 것을 보고 그들을 위해 신발을 직접 만들어준 이태석 신부였습니다. 환자 발 모양에 맞게 직접 제작하여 신발을 신겨주는 생전의 사진 속에서 이태석 신부는 그들과 같이 환하게 웃고 있습니다. 만약 천사가 있다면 바로 그런 모습이겠지요. 가난하고 병든 이들과 함께 평생을 보낸 그는 종교인으로 보여줄 수 있는 가장 고귀한 선을 실천한 아름다운 사람입니다.

아파도 거리가 멀어서 병원까지 미처 찾아오지 못하는 주민을 위해서 인근 마을 80여개를 순회하면서 진료를 했던 그였습니다. 병원이 점차 알려지면서 환자들이 더 많이 몰려들자, 그는 원주민들과 같이 벽돌을 직접

한 장 한 장 쌓아 병원 건물을 지었습니다. 그리고 그 병원에서 환자들과 같이 평생을 지냈습니다.

그는 오염된 톤즈 강물을 마시고 콜레라가 계속해서 발생하는 것을 보고 아예 톤즈 곳곳에 우물을 파 식수난을 해결하기도 했습니다. 아무리 진료를 해도 기본적인 체력이 없으면 환자들이 회복하지 못하는 것을 보고는 농경지를 일구고, 하루 한 끼만 먹던 열악한 환경을 개선하기도 합니다.

그는 톤즈에 학교를 세우기도 했습니다. 초등학교, 중학교, 고등학교 11년 과정을 차례로 개설했고, 부지를 마련해서 학교 건물을 짓기도 합니다. 학생들에게 직접 수학을 가르쳤고, 늦은 밤까지 공부하는 학생들을 위해서 발전기를 직접 돌려 공부할 수 있게 해주기도 했습니다.

음악을 좋아했던 그는 내전(內戰)으로 오랫동안 상처 받아온 주민들을 위해 치료의 목적으로 시작한 음악을 가르치기 시작하는데, 이 음악 수업이 주민들의 마음을 달래는 데에 큰 효과를 보자, 그는 학생들을 선발하여 브라스밴드(brass band)를 구성하였습니다. 그의 밴드는 수단 남부에서 유명세를 탔으며 정부행사에도 초청되어 연주할 정도였습니다.

그의 삶을 보면 단 한 순간도 나 자신을 위해서 산 것 같지 않지만 그의 책 《친구가 되어주실래요?》를 읽어보면 그는 충분히 행복한 사람이었습니다. 자신의 삶을 헛되이 살지 않고 가진 역량과 재주를 다른 이와 함께 나누었기 때문입니다. 그러고 보면 누군가를 위해 헌신할 수 있을 때 인간이 가진 역량은 최고로 발휘되는 것 같습니다.

이태석 신부의 삶은 말 그대로 자신을 올곧게 내던진 헌신의 삶이었습니다. 이런 삶을 바라보면서 우리는 모두 생각해봐야 합니다. 자신이 가진

것을 자신의 삶을 누리는 데만 쓰는 사람의 삶과 자신이 가진 것을 남을 위해 나누는 삶의 의미에 대해서 말입니다. 우리 아이들이 배워야 하는 것은 이태석 신부가 자신의 삶을 사제로서 그리고 의사로서 세상에서 가장 가난하고 가장 낮은 자들을 위해 기쁨으로 헌신했다는 것입니다.

봉사는 누구나 평생을 살면서 갚아야 할 이 땅과 생명에 대한 의무입니다. 내가 가진 것을 나눌 줄 알고, 베풀 줄 아는 사람으로 아이들을 길러내야 합니다. 우리 어른들이 그런 삶을 가르쳐주고, 감사하면서 나누는 삶을 보여주어야 합니다.

돈과 명예처럼 세상이 좇는 물질적 가치가 아닌, 내 자신의 삶을 통해 다른 이와 나누고 베푸는 내면적 가치를 소중하게 여길 줄 아는 아이들이 되도록 이야기 들려주어야 할 것입니다.

06

성실 : 김병만, 꿈의 달인을 만나다

김병만은 그 자신이 논문의 주제가 된 독특한 이력을 갖고 있는 코미디언입니다. 2010년 한양대학교의 신수아씨의 석사학위 논문 제목이 "인물을 통해 살펴 본 한국 슬랩스틱 코미디의 특성 연구 : 코미디언 '김병만'을 중심으로"였으며 그는 이 논문으로 석사학위를 받았다고 합니다.

'달인'에서 오랜 시간 슬랩스틱 코미디를 연기하면서 그는 많은 이들에게 웃음을 주었습니다. 또한 그가 방송에서 보여주었던 끈기와 근성은 깊은 감명을 주었습니다. 연예인을 꿈꾸는 많은 아이들이 배워야 할 끈기를 보여준 김병만입니다. 자칫 화려한 생활을 할 것으로만 생각할 수 있지만 얼굴과 이름이 알려진 공인으로 사는 것은 사생활이 노출되고 일거수일

투족이 언론에 오르내리는 피곤한 일입니다. 더욱이 스타가 되기도 어렵지만, 스타가 될 때까지 긴 무명생활을 버텨내야 하는 것 역시 필수 코스이기도 합니다.

지금은 전 국민이 방송에서 그를 볼 수 있지만, 그는 오랜 무명 생활이 너무 힘들어서 수면제 40알을 모아서 죽으려고 결심을 할 정도였으며 7평짜리 조그만 옥탑방에서 동료 개그맨 7명과 같이 생활을 할 때도 있을 만큼 오랜 시간 가난과 싸워야 했습니다.

게다가 아무리 열심히 연습해도 극도로 내성적이어서 오디션을 볼 때마다 지나치게 긴장하는 바람에 그는 심사위원들 앞에만 서면 머릿속이 하얘지고 아무 말도 나오지 않아 공채 시험마다 번번이 떨어져야 했습니다.

그렇지만 많은 오디션에 떨어지는 동안도 그는 쉬지 않고 계속 연극 무대에서 실력을 키워갑니다. 너무나 가난해서 하루 세끼 라면을 끓여먹고, 공원에서 노숙을 하고, 연극 무대에서 잠을 자고, 공원 화장실에서 알몸으로 샤워를 하다가 관리인에게 들켜도 포기하지 않던 개그맨의 꿈이었습니다. 만약 가난과 계속된 실패가 너무 힘들어서 중간에 그만두었더라면 우리는 그를 지금 방송에서 만날 수 없을 것입니다.

이 정도면 진정 '꿈의 달인'의 삶이라고 할 만 합니다. '달인'에서 그가 보여준 많은 달인의 모습은 그렇게 오랫동안 혼자서 꿈을 향해 버텨온 인생을 보여주는 것이었는지도 모르겠습니다.

그는 양쪽 발목이 모두 부러진 상태에서도 시청자들이 그를 잊을까봐 두려워 방송을 쉬어본 적이 없다고 합니다. 보통 사람이라면 발목이 부러지면 걷기도 힘들겠지만 그는 그런 상황에서도 평소와 똑같이 달인에 출연하여 공중 돌기를 선보이기도 합니다. 김연아 선수가 진행하였던 "키스 앤 크라이"에서는 스케이트를 한 번도 신어본 적 없었음에도 마치 스케이트 선수처럼 멋지게 스케이트를 타기도 합니다.

이런 모든 일이 가능한 까닭은 자서전《꿈이 있는 거북이는 지치지 않습니다》에서 말했듯이 가진 건 꿈밖에 없어서 꿈을 꾸었고, 될 때까지 무조건 했고, 쉬지 않고 했고, 기어서라도 했기 때문입니다. 지금처럼 유명한 개그맨이 되기 전에도 유명해진 후에도 그는 늘 같은 태도로 열심히 살아온 사람입니다.

예술가 66.5%가 월급 100만원 이하를 번다고 합니다.(경향신문, 2013.10.16.)그중에서도 문화예술인쪽이 훨씬 심각해서 91.5%가 그러하다고 하니, 예술인의 삶을 선택해서 살아간다면 김병만처럼 오랜 기간 무명시절을 지내고, 가난으로 시달려야 하는 경우가 훨씬 많을 것입니다. 어찌보면 이는 대한민국 문화 복지의 사각지대라고도 볼 수 있을 것입니다. 그러나 다른 무엇도 아닌 확고한 '꿈'이 있다면 그 꿈은 언젠가 이루어진다는 것을 김병만은 잘 보여주었습니다.

학생들에게 꿈을 포기하지 않고 끝까지 노력하면 언젠가 이렇게 꿈을 이루는 날이 오는 것을 꿈의 달인 김병만을 통해서 이야기해주어야 할 것입니다. 남들보다 빨리 나아가지 못하더라도 거북이처럼 자신 만의 속도로 꾸준히 나아가다 보면 꿈의 달인이 되어 있을 것이라고 말입니다.

진로 교육 멘토링 톡! Talk?

김병만에게서 배우는 리더십 키워드 "성실"

01 달인으로 유명한 코미디언 김병만은 사실 매우 내성적인 사람이어서 개그맨 오디션에서도 여러 번 떨어졌다고 합니다. 여러분이 꼭 하고 싶은 일 중에서 성격 때문에 못 하겠다고 생각했던 일이 있었나요? 그 순간으로 다시 돌아간다면 자신에게 어떤 이야기를 해주고 싶은지 써보세요.

02 김병만은 유명해지기까지 매우 가난한 시절을 보냈습니다. 꿈이 있는 사람의 가난과 꿈이 없는 사람의 가난은 어떤 차이가 있을까요? 필요한 자료를 찾아서 설명해봅시다.

07

배려 : 세종대왕, 가장 높은 곳에서 가장 낮은 곳으로 임하다

몇 년 전 일입니다. 옆 반에 조금 독특한 아이가 있었습니다. 하루는 꿈이 뭐냐고 물어보는 제 물음에 '내 꿈은 독재자입니다'라고 하는 것입니다. 2학년짜리 아이의 답에 살짝 기가 차서 독재자가 무슨 뜻인지 알고 하는 이야기냐고 묻자, '알아요. 다른 사람을 내 맘대로 지배하는 사람이요'라고 아이가 대답했습니다.

다른 사람을 왜 지배하고 싶은지 물어보니, 아이는 '그래야 다른 나라를 정복하죠. 다른 나라를 모두 정복해서 세계를 하나로 통일할 거예요'라고 말했습니다. 아이의 얼굴을 한참 동안 말없이 바라봤습니다. 아이에게 마침 옆에 있던 세종대왕 책을 건네주면서 집에 가서 꼼꼼하게 읽고 세종대왕이 어떤 사람이었을지 생각해보라고 말해주었습니다.

저는 일 년에 한 번 정도는 시간을 내어 진지하게 세종대왕의 삶에 대해서 아이들과 이야기 나눕니다. 세종대왕은 우리가 교과서에서 가르치는 것 몇 배 이상으로 백성들을 사랑한 훌륭한 왕이었기 때문입니다. 우리 아이들이 그 마음을 깊이 이해하고 배울 수 있다면 좋겠다고 늘 생각합니다.

조선 시대 관비(官婢)에게 출산휴가가 있었다는 사실을 알고 계십니까? 세종대왕은 관비의 출산휴가를 대폭 늘려주고, 10세 이하의 어린이와 80세 이상의 노인에게는 사형에 해당되는 죄를 범했어도 가두지 못하게 했습니다. 또한 죄수의 건강을 염려해서 감옥 시설을 개선해주고, 삼심제도(三審制度)인 삼복(三覆)법을 실시하도록 하였습니다. 죄수, 어린이, 노인의 인권을 고려한 당시로서는 매우 파격적인 조치들입니다. 세종은 심지어 노비도 하늘이 낸 소중한 백성이라고 말한 왕이었습니다.

또한 그는 인체의 중요기관을 치는 고문이었던 배태법(背胎法)을 둔태법(臀笞法)으로 바꾸어 죄수에게 심각한 고문을 못 하게 했습니다. 그 뿐 아니라 법의학서인 《신주무원록(新註無冤錄)》을 편찬 발간하여 검시(檢屍)를 통해 살인 사건을 조사하게 하여 피의자나 피해자 모두 억울한 일이 없도록 하여 형정(刑政)에 있어 획기적인 발전을 가져오기도 합니다.

이런 업적들을 보면 그는 뼛속 깊이 모든 백성을 사랑했다는 것을 느낄 수 있습니다. 신분제가 철저한 시대였음에도 신분이 천한 사람이라 해도 그 모두가 내가 사랑하는 백성이라고 말하는 세종대왕의 삶을 통해 아이들이 배워야 할 것은 다른 사람을 아끼고 사랑하는 배려의 마음입니다. 나와 다른 생각을 가진 사람, 나와 다른 위치에 있는 사람을 아끼는 마음은 아무나 가질 수 있는 것이 아니기도 합니다.

배려와 존중은 리더가 될 사람이 반드시 가져야 하는 것이지만, 현실에서는 때로는 이런 마음을 갖지 못한 자가 리더가 되기도 합니다. 태어날 때부터 가진 것을 이용해 다른 사람 위에 군림하면서 살아가는 사람들도 많습니다. 하지만 우리 사회의 리더들이 진정 세종대왕이 가졌던 배려, 이해, 존중의 마음을 가진다면 얼마나 좋을까요. 다음 세대인 우리 아이들이 이런 마음을 배울 수 있다면 그들이 사는 세상은 좀 더 따뜻하고 살기 좋은 세상일 것입니다. 아이들에게 한글을 만들고자 했을 때의 세종대왕의 마음에 대해, 노비조차도 하늘이 낸 나의 백성이라고 말하는 그 마음에 대해 아이들에게 이야기해주었으면 합니다.

세종대왕은 학문, 정치, 경제, 문화, 예술, 역사, 국방 등 군주의 손이 닿을 수 있는 모든 곳에 마음을 쓰고 노력을 기울였습니다. 어느 것 하나 소홀하지 않고 모든 것을 세심하게 돌보았기 때문에 세종 시대의 백성들은 풍요롭고 평화로운 시대를 누릴 수 있었습니다.

의학 분야에서는 의료기관을 정비해서 《향약집성방》, 《의방유취》 등을 펴냈고, 음악 분야에서는 박연(朴堧)을 시켜 향악과 아악을 정리하고, 편경(編磬)과 편종(編鐘) 악기를 제작하게 하였습니다. 지금도 국악 수업에서 활용하는 정간보(井間譜)를 창안해낸 것은 물론이고, 당시에 남겨놓은 《세종악보》는 동양 고전 음악 연구에 절대적인 자료입니다.

역사의식을 고취하기 위해 《고려사(高麗史)》를 편찬하고, 《삼강행실도》, 《효행록》을 펴내 국민들의 바른 윤리의식을 갖추게 하기 위해 노력하였습니다. 종교에서는 유교의 극치인 인(仁)의 정치를 구현하는 것 뿐 아니라 불교 서적의 국역 간행과 과거 시험에서 승과(僧科)를 설치하기도 했습니다.

이종무(李從茂)를 시켜 대마도(對馬島)를 정벌하게 하고, 사군(四郡)·육진(六鎭)을 설치하여 국방을 튼튼히 하기도 했습니다. 나라 안 지리(地理)를 조사하여 지리지(地理志)를 편찬하고, 실측지도를 제작하게 하는데, 그것이 바로 동국지도(東國地圖)입니다. 농사직설(農事直說)을 편찬하고 반포하여 농업 발전에 기여하고, 조세제도를 정할 때는 백성의 민의를 파악하기 위해 전국 관민에게 공법에 대한 가부를 묻기도 합니다. 지금으로 따지면 민주적 여론 조사였던 셈입니다.

이렇듯 셀 수 없이 많은 업적이 있으나 그 무엇보다 세종대왕의 가장 훌륭한 업적은 우리 겨레의 '문자'를 만들어냈다는 것입니다. 그는 백성을 가르치는 바른 소리라는 뜻으로 훈민정음(訓民正音)을 창제하여 반포합니다. 글자를 직접 만들어 발표했기 때문에 한글에는 없던 것을 새로 만들어냈다는 뜻을 가진 '창제(創製)'라는 말을 사용합니다. 한글은 소리 나는 대로 쓸 수 있는 글자이며, 인체에서 발성에 사용되는 발음 기관을 본 떠 만든 문자이므로 세상에서 가장 배우기 쉽고, 과학적인 우수한 글자입니다.

쉽게 말해 영어의 a는 우리 식으로 하면 '에이' 소리가 나기도 하고, '아' 소리가 나기도 하고, '애' 소리가 나기도 합니다. 그렇기 때문에 a 글자만 봐서는 어떻게 소리 내야 하는지 알 수가 없습니다. 그러나 한글은 글자 자체가 소리기관을 본뜬 것이기 때문에 'ㅁ'은 입술에서 나는 소리, 'ㅇ'은 목구멍에서 나는 소리처럼 글자와 소리가 일치합니다. 발음기관과 소리에 대해서 철저하게 연구하여 한국어의 소리에 글자를 일치시킨 가장 과학적인 문자라는 뜻입니다.

훈민정음해례본(訓民正音解例本)은 이 훈민정음을 어떻게 사용하는지에 대한 일종의 설명서로 글자가 지어진 원리와 글자의 활용 및 만든 목적에 대해 자세하게 설명하고 있습니다.

"우리나라 말은 중국말과 달라 한자와 서로 통하지 않는다. 이런 까닭에 한자를 모르는 백성들이 말하고 싶은 게 있어도 기록으로 남기지 못한다. 그래서 내가 이것을 딱하게 여겨 새로 스물여덟 글자를 만드니 백성들은 이 글자를 배워 누구나 문자로 자기가 하고 싶은 말을 전해라."

세계적으로 인류 역사를 보면 지식층과 아닌 이들을 구분하는 것은 문자를 아느냐 모르느냐의 차이였습니다. 서양 세계가 급속도로 발전할 수 있었던 것도 다름 아닌 쿠텐베르크의 인쇄술 덕분이었습니다. 성경을 인쇄하여 많은 이들이 공유할 수 있게 되면서 서구 세계에 엄청난 지식의 발달을 가져온 것입니다. 이것은 우리 역사도 같아서 한자는 지식층과 아닌 이들을 구분하는 지표였습니다.

그러나 지식층의 전유물이던 문자를 일반 백성들을 위해 가장 과학적인 방법으로 새롭게 만들어준 왕, 세종대왕은 우리 아이들이 본받아야 할 '배려'의 전형일 것입니다. 그러므로 아이들에게 한글의 위대함 뿐 아니라, 한글을 만들고자 했을 때의 세종대왕의 마음가짐에 대해서 가르쳐주어야 하고, 다 가진 최고의 군주가 왜 평범한 백성들이 글자를 아는 것을 원했을지 생각해보게 해야 합니다.

이제는 배려심이 없고 나만 아는 세대를 탓할 것이 아니라, 배려를 가르쳐주지 않은 시대를 탓해야 할 것입니다. 우리가 아이들에게 옳은 것을 가르칠 때 아이들은 옳은 행동을 하기 때문입니다.

진로 교육 멘토링 톡! Talk?

세종대왕에게서 배우는 진로 교육 멘토링

01 세종대왕의 업적은 어떤 것들이 있나요?

02 세종대왕이 한글을 만든 이유는 무엇이었을까요?

03 지식층과 아닌 이들을 구분하던 문자를 일반 백성들에게 만들어준 까닭은 무엇이었나요?

04 우리가 쓰는 한글 속에 담긴 세종대왕의 뜻에 대해 생각해봅시다.

디자이너

민들레반 14기 강봄이

실험실

조제실

아이들의 '꿈'

2. 소수의 나눗셈
① 3.41 ÷ 0.3 ≒ 11.4
<14기 박지은

363÷3=?

포돌 경찰서
14기 정진우

14회 피아노 콘서트

강남웨딩
민들레반 14기 임우진의 꿈 : 웨딩플래너

OO 치과

소수의 나눗셈을 배워보자.
① 4.2 ÷ 2=
② 3.6 ÷ 6=
③ 8.1 ÷ 9=

3부

교실에서
실천하는
진로 교육
전략 4가지

[전략 1]

꿈의 씨앗을 뿌리고 싶다면 교사부터 꿈을 꿔라

01

교실 문을 열면 세상이 보인다

하나보다 둘이 낫고, 둘보다 셋이 낫다는 말이 있습니다. 이 말은 학교 교육계획을 세울 때도 똑같이 해당됩니다. 과정은 더뎌도 결과를 놓고 보면 교사 한 사람의 생각보다 교사 세 명의 생각이 낫고, 교사 셋의 생각보다 다섯의 생각이 낫습니다. 집단 지성은 기업에서 아이디어를 내는 데서만 필요한 것이 아니라 모든 교육 장면에서도 마찬가지로 필요합니다. 아이들과 교사가 함께 생각하고 고민하고 이야기를 나누어야 하는 것도 더 좋은 수업을 만들어가기 위한 당연한 과정입니다.

그런데 교실은 자칫 폐쇄적인 공간이 되기 쉬워 아침에 교실 문을 열고 들어가 오후에 나오기 전까지는 옆 반에서 어떤 일이 벌어지는지 알 수 없는 경우가 무척 많습니다. 그도 그럴 것이 아침 시간에는 자습을 지도해야 하고, 쉬는 시간에는 생활지도를 해야 하고, 점심시간에는 급식지도를 해야 하고, 방과 후 시간에는 업무를 처리해야 하는 등 교사에게는 할 일이 너무나 많기 때문입니다.

이렇게 가르치는 일 말고도 업무가 많다는 것이 교단에 막 나온 새내기 교사들에게는 참 낯설고 어색한 일입니다. 게다가 새내기 교사들이 해내기에 버거운 업무들도 종종 주어지기 때문에 새내기 교사들이나 학교에 익숙해지지 않은 경우 이런 상황에서 많이 힘들어 합니다. 얼마 전에 비슷한 문제로 고민하는 새내기 교사에게 옆 반의 문을 두드리라고 말해주었습니다.

문제가 생겼을 때 가장 좋은 해결책은 이미 비슷한 문제를 겪어본 사람에게 그 방법을 묻는 것입니다. 경험하지 않은 이에게는 비슷한 상황에서 먼저 경험해본 이가 문제를 어떻게 접근했고, 어떻게 해결했고, 어떤 결과를 얻었는지 묻는 것보다 더 쉬운 해결 방법은 없습니다.

그런데 교사들은 다른 직업보다 이런 부분을 놓치기가 상대적으로 쉬운 것 같습니다. 같은 학교 안에서도 다른 교사와의 교류가 많지 않기 때문입니다. 문제가 생기면 머리를 맞대고 좋은 해결책을 찾기 위해 노력해야 하는 기업과는 달리 교사는 자신이 맡고 있는 학생들에게 집중해야 하는 특성 때문에 자기 학급의 문제는 자기 일이라고만 생각하는 것입니다.

하지만 어려운 일을 겪을 때 누군가가 내 편에서 이야기를 귀담아 들어주는 것만으로도 얼마나 많은 위안을 얻는지 우리 모두는 잘 알고 있습니다. 학생들에게 '모르는 것은 물어봐야지' 수없이 말하는 교사들이 아이러니하게도 정작 자신의 문제를 다른 이에게 묻는 것은 어려워하는 것입니다. 이제 교실 문을 열고 나가서 우리 곁의 좋은 스승들에게 문제를 해결하는 방법을 묻고 배우면 어떨까요. 선생님들이 생각하는 고민과 문제들이 좀 더 쉽게 해결될 것입니다.

비슷한 일들을 반복해서 경험하게 되므로 학생들을 오래 만나본 선생님들이 가르치는 방법은 얼핏 보면 새롭거나 놀랍지는 않지만 핵심이 무엇인지 정확하게 짚는다는 것을 알 수 있습니다. 이런 수업은 '기교'가 아닌, '기본'에 충실한 수업일 것입니다. 서로가 수업을 공개하고, 함께 고민해보고 이야기하는 것이 중요한 것은 우리 자신이 갖고 있는 장점과 단점을 나 자신은 객관적으로 보기 어렵기 때문입니다. 다른 사람의 눈을 통해 나 자신을 바라볼 수 있는 것 역시 교사가 배워야 할 부분입니다.

특히 교사는 선배가 후배에게 배울 수도 있어야 합니다. 2학년을 7년 동안 해온 교사에게 찾아가 2학년을 어떻게 가르치는 게 좋냐 물어보는 17년차 선생님을 본 적 있습니다. 자신보다 경력이 십 년 아래인 후배임에도 불구하고 '나는 2학년을 처음 해보는 후배니까 2학년 오래 해본 선배한테 배워야지' 말하는 모습이 정말 멋있었습니다.

교사는 경력이 짧든 길든 모두 똑같이 가르치는 일을 하는 동료입니다. 그렇기 때문에 우리는 더 나은 교육을 위해 서로가 서로를 가르쳐주고 이끌어주고 지지하고 격려해야 합니다. 후배가 선배의 경험에서 노하우를 익히고, 선배가 후배에게 새롭고 신선한 아이디어를 얻을 수 있어야 합니다.

그러기 위해서는 교실이 서로에게 왕국처럼 높은 벽으로 나뉠 것이 아니라 자유롭게 열린 공간이어야 하고, 소통과 대화의 장(長)이 되어야 합니다. 그 어떤 교사도 혼자서 완벽할 수 없습니다. 아이들과 같이, 그리고 동료 교사와 같이, 고민할 때 우리는 부족한 점을 조금씩 채워갈 수 있습니다.

그렇기 때문에 스스로를 낮추거나 지나친 겸손을 부리는 것 역시 좋은 것이 아닙니다. 누군가에게 내 것을 나누기 위해서는 내가 남보다 특별히 잘 나거나 우수해야만 하는 것은 아닙니다. 아이마다 제각기 다른 소중한 재능이 있듯이 교사 역시 그렇습니다. 그렇기에 자신이 가진 것을 조금씩 서로 나누고, 공유하는 마음이 필요한 것입니다. 교사의 교육 자료, 수업이 함께 공유되고 그 모두가 존중되는 문화는 누구 한 사람이 만드는 것은 아닙니다. 대한민국 교사 모두가 함께 만들어가야 합니다.

그리고 그런 일들이 가능하기 위해서 잊지 말아야 할 것은 교사는 가르치는 일을 하는 참으로 가치 있고 소중한 사람이라는 사실입니다. 매일 조금씩 성장하는 나무와 같은 존재로 교사 자신을 생각하는 마음가짐이 매우 중요합니다. 나무가 꽃을 피우고 열매를 맺기 위해서 숲을 이뤄 비바람을 견디고, 메마른 땅을 견뎌내듯이 우리 역시 주변에 서있는 작은 나무, 큰 나무 할 것 없이 함께 손을 잡아야 합니다.

교사들이 함께 모여서 공부하고 토론하는 문화, 교사들의 머리를 맞대고 함께 이야기 나누는 학교, 서로의 정보와 수업을 공유하는 열린 마음이 절실한 시대입니다. 혼자 앞서가는 열 걸음보다 함께 가는 한 걸음이 소중함을 잊어서는 안 될 것입니다. 다른 사람의 문제가 아니라 우리 모두의 문제로 생각하는 큰 시각을 가져야 합니다.

또한 함께 모여서 연구하고 공부하는 문화를 만들어가야 합니다. 교사는 자기 반 학생의 전문가라는 말이 교사가 아닌 일반인들의 입에서 나올 수 있을 만큼 열심히 노력해야 합니다. 그러기 위해서는 고민을 나누고 공유하려는 노력이 필요합니다.

교사끼리 모여서 공부하는 연구회나 토론 모임, 동아리는 교단의 폐쇄적인 문화를 바꾸어 나갈 수 있는 유일한 대안입니다. 공교육의 희망은 멀리 있는 게 아니라 아주 가까이, 우리 가슴 안에 이미 들어와 있습니다. 학부모와 학생이 교사를 신뢰하고 의지하게 만들기 위해서는 제도를 바꾸는 것보다 나 자신이 먼저 교실 문을 여는 마음이 필요할 것입니다.

02

독서는 지도하는 것이 아니라 함께 하는 것

아이들에게 인기 있는 선생님들은 한 가지 공통점이 있습니다. 무엇을 하든 아이들과 함께 한다는 것입니다. 아이들과 같이 운동장에서 공을

차는 선생님, 아이들과 같이 땀 흘리면서 학교 앞 분식점에서 매운 떡볶이를 먹는 선생님, 무릎을 굽히고 아이들의 이야기를 귀담아 들어주는 선생님, 아이들에게 선생님의 꿈과 미래를 들려주고 격려해주는 선생님, 이들 모두가 교사가 아이들과 함께 행동하고 고민하고 호흡한다는 것이 공통점을 갖고 있습니다.

바꿔 말하면 아이들이 원하는 것을 주의 깊게 살펴보고 함께 하는 선생님이 되면 아이들에게 인기 있는 선생님이 될 수 있습니다. 아이들이 원하는 것은 사실 아주 사소하고 별 것 아닌 일들입니다. 저학년 학생들은 같이 그림 그리기, 아이들과 가위바위보 하기, 노래 부르면서 율동하기 이런 것들 하나에도 아이들이 무척 좋아합니다. 또 고학년 학생들은 고민이 무엇인지 들어주고 고개를 끄덕이면서 이야기하는 것, 메시지를 주고받는 것, 가끔은 같이 게임 해주는 것을 좋아합니다. 내가 좋아하는 것을 같이 하는 사람에게 호감을 갖는 것은 아이나 어른이나 마찬가지입니다.

그런데 반대로 교사가 좋아하는 일 역시 아이들이 함께 따라 하게 된다는 것, 우리는 바로 이 부분에 주목해야 합니다. 담임교사가 그림을 잘 그리면 아이들도 그림을 열심히 그립니다. 운동을 잘 하는 교사라면 아이들도 체육 시간에 더 열심히 뛰어다닙니다. 글을 잘 쓰는 교사라면 아이들도 글을 열심히 씁니다. 바로 아이들은 자신이 자주 보는 사람을 닮기 때문입니다. 교사가 학생들의 인생에 얼마나 중요한 존재인지 증명해주는 부분입니다.

교사가 책을 읽는 것을 좋아하고 즐겨하는 경우 아이들도 자연스럽게 책을 가까이 하게 됩니다. 책을 읽는 모습을 자주 보여주고 책 속의 좋은 구절을 들려주는 선생님 교실에서 아이들이 책을 좋아하는 것은 너무나 당연한 일입니다.

학습 성취도가 높은 아이들은 대체로 사회적 자본이 높다는 연구결과가 있습니다. 사회적 자본이란 아이들과 얼마나 따뜻하게 대화를 자주 나누는지, 아이들이 얼마나 다양하게 체험을 하고 있는지, 문화적인 배경이 되는 부분을 말합니다. 아이들에게 책 읽는 모습, 부모의 공부하는 모습을 자주 보여주는 가정에서는 아이들이 부모의 이런 부분을 배우게 됩니다.

그러므로 공부를 잘하고 못하고의 유전자가 따로 있는 게 아니라, 공부를 잘 할 수 있는 분위기와 아닌 분위기가 있는 것입니다. 아이들은 이런 배경과 문화, 느낌을 흡수하면서 성장합니다. 학교에서 교사가 책을 가까이 하고 사랑하는 모습을 자주 보일수록 반 학생들도 책을 좋아하게 된다는 것을 기억해야 합니다.

아주 어릴 때부터 문자를 가까이하고 책을 즐겨 읽는 경험을 하는 것은 아이들에게 공부와 독서가 곧 같은 것임을, 그리고 일상생활의 모든 것

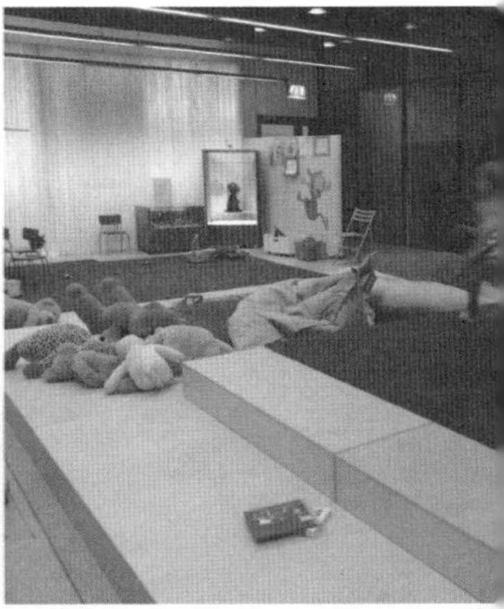

이 공부임을 깨닫게 합니다. 교육 선진국으로 우리나라에서 자주 인용하는 핀란드에서는 읽기, 독서, 그리고 공부를 모두 같은 의미로 이해한다고 합니다.

실제로 2012년 여름 핀란드 헬싱키 국립도서관에 갔을 때(2012 전북창의·인성유공교원연수) 무척 놀랐습니다. 어린이 도서관의 책이 너무 많다는 것에 한 번, 온갖 곳에 부드러운 매트가 깔려 있고 아이들이 자유롭게 책 속에 빠져 있는 모습에 한 번, 그리고 그게 당연하다는 것에 또 한 번.

핀란드에서는 책값이 매우 비싼 편이어서 동네마다 큰 도서관에 부모가 아이들을 데리고 가서 책을 빌리는 일이 일상이라고 합니다. 배를 깔고 드러누워서 책을 읽는 아이도 여럿 보았습니다. 곳곳에 매트가 깔려 있고 어린이 도서관이 어른 도서관 못지않게 엄청난 양의 장서를 소장하고 있음을 직접 볼 수 있었습니다. 이렇기 때문에 교육선진국이 될 수 있었을 것이라고 마음속으로 몇 번이고 곱씹어 생각했습니다.

▲ 핀란드 헬싱키 국립 도서관

우리 모두는 넓은 세상을 전부 가보진 못해도 책을 통해 배우고 경험할 수 있습니다. 옛날 사람을 만나 이야기 나눌 수는 없어도 책을 통해 그들의 생각과 역사를 배울 수 있습니다. 인류가 남긴 문화유산을 직접 보진 못 해도 책을 통해 만지고 느낄 수 있습니다.

수많은 위인이 독서를 통해 성공했다고 고백했습니다. 동양 고전을 읽으면서 서체를 연습한 스티브 잡스가 아이폰을 만들 때 영감을 얻었다는 것은 많은 이들에게 알려진 이야기입니다. 저능아 소리를 듣던 윈스턴 처칠이 영국의 총리가 될 수 있었던 것도 고전 독서교육을 받고 나서였다고 합니다. 세계의 3대 천재라고 불리는 괴테의 어머니는 어린 괴테를 안고 매일 잠들기 전에 책을 읽어주고, 가장 재미있는 부분에서 멈추고서는 다음 이야기를 상상해보게 했다고 합니다.

평범한 이들 중에도 엄청난 양의 독서를 한 다음에 비로소 세상의 이치가 보였다고 말하는 이도 있고, 다락방에서 읽던 책 속에서 꿈과 미래를 보았다고 말하는 이도 있으며, 인문 고전 독서를 통해 인류의 지혜를 깨달았다고 말하는 이도 있습니다. 이런 이야기를 종합하여 짧은 문장으로 표현하자면 책을 읽지 않고 성공하는 이는 단 한명도 없다고 말할 수 있을 것입니다.

책을 읽어주는 것을 싫어하는 아이들은 없습니다. 어릴 때는 책을 읽어달라고 조르고 또 조르면서 그렇게 재미있어하던 책이 서서히 아이들에게서 멀어지는 것뿐입니다. 그러나 아이들이 꿈을 이루는 훌륭한 위인으로 자라는 것을 원한다면 아이들에게 책을 가까이 하게 해주어야 합니다.

책을 읽어주고, 책 속의 재미있는 황금 문장들을 찾아보게 하고, 책 속에 보물쪽지를 숨겨놓고 찾기 놀이를 하고, 그림을 그려보고 퍼즐을 만들어보게 해서 아이들이 책과 멀어지지 않도록 노력하는 것입니다. 교사가 독서를 교육하고 지도해야 한다고만 생각할 것이 아니라, 함께 책을 읽고 함께 책 속에서 기쁨을 맛보는 경험을 해야 할 것입니다. 독서는 지도하는 것이 아니라, 함께 하는 것이 되어야 할 것입니다.

03
아이의 자존심을 높이는 교사의 말

교사는 학생들과 하루의 1/3 이상을 함께 시간을 보내는 사람입니다. 집에서 잠자는 시간을 제외하면 깨어 있는 시간 중 대부분을 교사와 함께 보내는 것이라고 해도 틀린 말이 아닙니다. 게다가 주로 설명을 듣고 이해하는 우리나라의 전형적인 수업에서 교사의 말이 학생들에게 큰 영향을 주는 것이 당연합니다. 따라서 교사가 주로 어떤 말을 하고, 어떤 언어 습관을 갖고 있는지는 학생들에게 매우 중요합니다.

2012년 한글날 특집으로 MBC에서 말의 영향력을 실험한 적이 있습니다. 이 실험에서는 참가자들에게 단어 카드 30개를 보여주고 그 카드를 조합해서 5분 정도의 제한 시간 안에 문장을 세 개 만드는 어휘 능력 테스트라고 말하였지만, 실제 실험은 그 다음에 이루어졌습니다.

참가자들은 황혼, 쓸쓸한, 저녁의, 은퇴한 등 노인을 연상시키는 30개의 단어를 읽은 다음에는 걸음걸이가 실험실에 들어갈 때에 비해서 약 2

초 정도 느려졌습니다. 반대로 열정적인, 젊은, 뜨거운, 활발한 등 젊은이를 연상시키는 30개의 단어를 읽은 다음에는 걸음걸이가 약 2초가량 빨라졌습니다.

그런데 참가자들은 놀랍게도 본인의 이러한 변화를 전혀 눈치 채지 못했습니다. 이 실험에 따르면 뇌는 특정 단어를 들으면 그만큼의 자극을 얻고 다음 행동을 준비한다고 합니다. 즉, 우리가 주고받는 모든 언어에는 행동과 인생을 뒤바꿀 수 있는 큰 힘이 있는 것입니다.

교사가 어떤 행동과 몸짓을 통해 학생들에게 직접적으로 또는 간접적으로 '말'하고 있는지 자신을 늘 살펴야 하는 것은 우리가 학생들과 가장 많은 이야기를 하는 사람 중 하나이기 때문입니다. 그래서 교사라면 학생들이 어떤 말을 듣기 싫어하고 자존심 상해하는지 눈여겨 살펴봐야 합니다.

2013. 7.1~7.14까지 청소년학교폭력예방재단에서 학생, 학부모, 교사 등 학교구성원 1만 여명에게 설문 조사한 결과 학생들이 가장 듣기 싫어했던 말은 크게 세 가지였습니다.

1위 32% : "너는 왜 만날 그 모양이니?"

2위 12% : "놀지 말고 공부 좀 해라."

3위 11% : "네가 그럼 그렇지 뭐."

학생들은 교사가 무심결에 쓰는 '너는 왜 그것도 못 하냐?', '네가 그럼 그렇지.'와 같이 무시하는 말투를 매우 싫어합니다. 이렇게 말하는 것은 문제의 책임을 이야기 나누고 있는 학생에게 돌리는 것이기 때문입니다. 앞의 문장은 듣는 학생의 입장에서는 '너는 왜 그것도 못 하냐?'는 '그것을 못 하는 것은 전적으로 네 잘못이다'라고 들립니다. 또 '네가 그럼 그렇지'는 '나는 네가 못 할 줄 알고 있었어'로 들립니다.

이렇게 문제를 같이 해결하고 고민하려는 태도를 보이는 것이 아니라고 생각하는 순간, 아이들은 교사에게서 마음을 돌리고 멀어집니다. 저는 이것을 《학급경영멘토링》에서 Why 화법이라고 불렀습니다.

사실 Why 화법의 기본 원리는 어떤 상대와 이야기해도 마찬가지입니다. 그래서 부모가 자녀에게 '너는 왜 만날 그 모양이냐?'라고 말하는 것이나, 자녀가 부모에게 '엄마는 왜 그래요?'라고 말하는 것이 서로에게 상처를 주는 것은 당연한 일입니다. 이야기를 나누는 상대에게 '왜'라고 묻기 시작하면 서로 더 이상 할 말이 없고 상처를 주기 때문입니다.

그러나 몸에 남는 상처는 지울 수 있어도 마음에 남는 상처는 지울 수 없습니다. 학생에게 교사나 부모가 주는 상처는 대부분 말로 만드는 것입니다. 학생들에게 자존감을 높일 수 있는 말을 할 수 있도록 스스로의 언어 습관을 길들여야 합니다. 말이라는 것은 감사와 예의, 존중이 함께 어우러질 때에만 상대에게서 공감을 얻어낼 수 있습니다.

학생의 개인적인 가정사부터 학습 태도까지 세세하게 작은 일들을 다 알고 있는 교사가 학생의 자존감을 낮추는 것은 생각보다 쉽습니다. 아이를 무시하기만 하면 되기 때문입니다. 이렇게 해도 흥, 저렇게 해도 흥, 하고 들은 척만 척 하면 아이들은 순식간에 자신이 무시당했다는 느낌을 받게 됩니다.

그런데 어린 아이들도 자신을 존중해주는 사람과 아닌 사람을 구별합니다. 아이들이 자신을 존중하는 사람이 누구인지 기가 막히게 알아차리는 이유는 아마도 살아남기 위한 본능과도 같은 게 아닐까 생각합니다. 누군가 내 마음을 이해하고 존중해준다는 느낌은 아이들에게 살아갈 수 있는 희망과 용기의 끈이 됩니다.

《회복탄력성》에는 극도의 열악한 환경에서도 훌륭하게 성장하는 아이들에게는 한 가지 공통점이 있는데, 그것은 그들 곁에 한 사람이라도 믿어주고 지지해주며 신뢰하는 사람이 있다는 것입니다. 이 한 사람은 꼭 부모가 아니어도 되고, 할아버지, 이모, 혹은 옆집 사는 삼촌이나 교사여도 상관없고 절대적으로 믿어주는 한 사람만 있어도 된다는 것입니다.

우리가 아이들에게 이런 사람이 되어야 하는 이유는 굳이 설명하지 않아도 될 것입니다. 우리는 아이들에게 가슴 속에 나는 세상에 꼭 필요한 사람이고, 사랑 받을 자격이 있는 사람이라는 자존감을 심어주어야 합니다. 아이들 가슴에 나는 세상에 꼭 필요한 사람이라는 자존감이 깊이 자리하면 어떤 어려움도 결국은 이겨낼 수 있게 됩니다.

아이들에게 어떤 경우라도 좌절과 실패를 두려워하지 말라고 가르쳐주고, 그런 시련이 왔을 때 삶의 전부를 다 내려놓고 모든 것을 포기하는 게 아니라 당당하게 맞설 수 있는 힘이 네 안에 있다고 가르쳐주어야 합니다.

어릴 때부터 상습적으로 폭행당한 아이들은 나 같은 건 쓸모없다는 생각을 갖고 살아간다고 합니다. 이런 아이들이 자라서 어른이 되고 나면 다음 세대에게 전해줄 것은 당연히 좌절감과 패배 의식입니다. 우리가 어린이의 복지, 청소년의 인권에 관심을 갖고 노력해야 하는 것은 그 모든 것의 가장 핵심이 바로 아이의 자존감에 있기 때문입니다.

아이들이 어리다고 해서, 혹은 자녀라고 해서 어른의 소유물은 아닙니다. 우리가 아이들을 함부로 대하거나 무시해서 안 되는 것은 아이들 모두에게는 소중한 인격이 있기 때문입니다. 나부터 실천하는 작은 언어 습관이 바로 아이들에게는 절대적인 자신감의 원천이 되고, 긍정적인 자존감을 갖게 하는 힘이 됩니다.

자신을 소중하게 생각하고 아름답게 지켜낼 수 있는 힘은 바로 자존감을 갖느냐 못 갖느냐에 달려있습니다. 교실에서 아이들을 위해 '너라면 할 수 있어', '나는 어떤 일이 있어도 너를 응원해', '네가 잘 해낼 거라고 믿었어'라고 말해주어야 합니다. 학생들에게 '내가 어떻게 도와주길 바라니?' 물어야 하고, '너는 어떻게 하고 싶은데?' 의견을 구해야 합니다.

아이들의 작은 생각도 귀담아 듣고 함께 해결해가는 태도는 아마도 우리 어른들이 무릎을 굽히고 아이들의 눈을 마주 들여다보기 위해 꼿꼿하게 서있던 자세를 바꾸는 것부터 시작할 것입니다.

아이들을 위해서 무릎을 굽히고 그 눈을 들여다보면서 부드럽게 웃으며 말해보십시오.

"선생님은 어떤 순간에도 너를 응원해"

아이의 가슴에 자존감이 샘솟을 것입니다.

[전략 2]

착한 공부 vs 나쁜 공부의 차이를 알게 하라

01

대한민국 아이들 99%는 오늘도 나쁜 공부를 한다

*재영이는 적극적인 편으로 수업 시간에도 활발하게 발표하는 편입니다. 학원에도 다니고 있어서 수업 내용을 대부분 알고 있습니다. 자신감이 있고 리더십이 있는 편이라 친구들을 리드하면서 학교 생활을 해나갑니다.

* 지수는 매우 꼼꼼한 편입니다. 지나칠 정도로 꼼꼼하다 보니 모든 일에 속도가 더뎌 친구들에게서 원성을 듣는 일도 종종 있습니다.

이 정도의 설명만 듣고도 두 아이의 모습이 머릿속에 그려지실 것입니다. 어느 교실에나 리더십 있는 아이도 있고, 느린 아이도 있으니까요. 그런데 만약 두 아이 중 어떤 아이가 학업 성취를 잘 해낼 것 같은지 묻는다면 어떤 답을 하실 수 있겠습니까. 활발하게 수업에 참여하는 적극적인 재영이와 꼼꼼하고 느린 지수 중에 어떤 아이를 더 '공부 잘 하는 아이'라고 말할 수 있을까요.

물론 질문 자체가 이상하다는 말을 하는 분도 있을 것입니다. 그러나 교사들에게 살짝 질문을 바꾸어 같이 수업하는 아이로 느린 아이와 빠른 아이 중 하나를 택하라고 한다면 대부분 빠른 아이를 택할 것입니다. 속도가 빠른 아이는 교사들이 선호하는 학생인 게 틀림없습니다.

이 두 학생은 실제 몇 해 전 가르쳤던 학생들입니다. 그런데 놀라운 것은 학습 성취에 있어서는 이런 성향이 크게 영향을 끼치지 않는다는 것입니다. 그것은 말 그대로 학생이 교사나 다른 학생에게 보이는 모습일 뿐 그 모습과 학습 성취와는 큰 관계가 없다는 것입니다.

교사들은 교사 자신의 성향에 비추어 아이를 바라보는 특성이 있습니다. 교사 자신과 비슷한 아이는 왠지 모르게 마음이 기울고, 교사 자신과 비슷하지 않은 성향의 아이는 마음 바깥으로 자꾸 밀어내려고 하는 것입니다. 교실에서 교사의 마음이 잘 가지 않는 학생을 유심히 관찰해보면 대체로 자신과 반대 성향의 아이라는 것을 알 수 있을 것입니다. 이른바 팔은 안으로 굽는다는 말이 이럴 때 해당하는 말일 것입니다.

그렇지만 사실 교사와 비슷한 아이는 수십 명의 아이들 중 일부입니다. 대부분은 교사와 비슷하지 않는 것이 당연하지요. 이렇게 다양한 아이들을 교사 한 사람의 스타일을 고집하여 수업을 하는 것은 결코 좋은 일은 아닙니다. 아이들이 주체가 되는 수업, 아이를 중심으로 하는 수업, 아이 눈으로 보는 수업은 바로 이러한 곳에 핵심이 있습니다.

학생 개개인의 다양성이 인정되기 위해서는 사실 교사 자신이 많은 고민을 해야 하고, 수업에서도 교사의 스타일보다 아이들의 스타일이 살아나는 수업이 되도록 노력해야 합니다. 특히 학원에서 미리 공부하고 온 학생들 일부에 수업의 초점을 맞추는 일이 없도록 신중하게 속도를 조절해야 합니다.

언제나 어느 상황에서나 교사가 특별히 신경 쓰고 배려해야 하는 학생은 느린 학생입니다. 속도가 느린 학생이 자신의 속도대로 공부해가는 것을 내버려두고 인정해줄 수 있는 분위기가 마련되어야 합니다. 느린 것이 부끄럽거나 창피한 것이 아닐 때 아이들이 제 속도를 인정하고 그것에 맞는 학습 전략과 방법들을 찾아가기 때문입니다.

독일에서는 아이들이 결코 세로셈을 한 번에 배우는 일이 없다고 합니다. 나눗셈조차도 세로셈을 배우지 않기 때문에 가로로 놓고 계산하느라 아이들이 처음에는 몹시 애를 먹는다고 합니다. 심지어는 곱셈을 배울 때도 구구단을 가르치지 않기 때문에 우리처럼 간단하게 외워서 풀 문제들을 풀지 못하고 힘들어할 때 한국인 엄마들은 이를 못 참고 구구단을 가르쳐준다고 합니다. 그러면 독일 선생님들은 한국인 엄마를 학교로 불러서 따끔하게 지적한다고 합니다. 그렇게 미리 가르치지 말라고 말입니다.

이렇게 자신의 방법만으로 문제를 풀 때까지 고집스러울 만큼 내버려두기 때문에 독일의 수학 성적은 PISA에서 늘 꼴찌입니다. 그러나 아이들이 이 부분을 극복하게 되면 서술하듯이 문제 풀이 과정을 적어가면서 문제를 푸는 것에 익숙해지고, 그만큼 자연스럽게 계산 또한 머릿속으로 이루어진다고 합니다. 네 자리 수 나누기 두 자리 수의 나눗셈을 가로셈으로도 한다고 하니, 이것은 말 그대로 학생 자신의 능력을 믿을 때만 가능한 수업일 것입니다.

우리에게는 이 독일식 수학 수업이 참으로 많은 것을 시사해줍니다. 아이들의 속도를 어른의 속도에 맞춰서 무조건 앞서가는 것만을 요구하는 대한민국의 현실은 아이들을 재미없고 지루한 공부라고 생각하도록 만들어버립니다.

하지만 같은 문제를 풀어도 정답만 맞으면 2점, 풀이과정은 맞고 정답을 틀리면 8점을 받는 독일 아이들은 계산에서의 실수보다 풀어내는 과정을 더 중요하게 여기면서 자랍니다. 그것도 각자 자신만의 방식으로 풀어가는 것을 중요하게 본다고 하니, 아이들의 다양성이 그대로 존중받는 수업이 될 수밖에 없습니다.

우리가 아이들에게 가르쳐주어야 하는 착한 공부는 자신의 속도대로 공부할 수 있도록 하는 것입니다. 가장 중요한 것은 나 자신의 스타일로 내 방식대로 공부하는 자유를 누리게 하는 것입니다. 공책정리나 수업 방법 또한 마찬가지입니다. 교사가 좋아하는 스타일을 아이들에게 안내하되, 결국 수업의 설계는 아이들 손에 맡겨주는 것, 방법을 안내하고 지도하되, 수업의 처음과 끝이 일관되게 아이들 손으로 해결되도록 하는 것, 이런 것이 바로 아이들이 자신의 속도대로, 자신의 방식대로 공부하는 것입니다.

저의 열한 살짜리 딸아이는 이 학원광고물을 보고 이렇게 말했습니다.

"엄마, 왜 6학년이 중3 공부를 잘해야 돼? 6학년 것만 잘 하면 되지."

어린 딸아이의 말에 착한 공부의 비밀이 담겨 있다는 생각을 했습니다. 우리가 학생들에게 가르쳐주어야 할 착한 공부란, 바로 6학년이 6학년 공부를 제대로 하기, 함께 손잡고 가기, 나보다 느린 친구를 기다려줄 줄 알기, 내 스타일이 무엇인지 찾을 때까지 포기하지 않고 공부하기, 과정이 지루해도 끝까지 참아내기가 아닐까요.

우리가 아이들을 철저하게 믿어주고, 기다려주고, 그 속도를 인정해줄 때 우리도 아이들에게 착한 공부를 이야기할 수 있을 것입니다. 더도 말고, 덜도 말고, 6학년이 6학년 공부를 하기를 소망해봅니다.

02

왜, 아이마다 다른 학습전략이 필요한가?

《그리스인 조르바》를 쓴 니코스 카잔차키스는 이렇게 말했습니다.

"존재하지 않는 것을 열심히 믿으면 그것을 창조하게 된다"

성경에 나오는 '믿음은 보이지 않는 것의 실상이다'는 말을 생각나게 하는 문장입니다. 사실 학생들에게 꿈을 이루게 하는 데 있어 가장 중요한 것은 '긍정적인 자아상'을 그려낼 수 있어야 한다는 것입니다. 사실 보이지 않는 미래의 나 자신을 꿈꾸며 현실의 삶에서 꾸준히 도전하고 실패를 두려워하지 않는 용기를 품는 것은 결코 쉬운 일이 아닙니다. 그러나 내가 되고 싶은 나의 모습을 상상하고 꿈꿀 수 있다면 꿈도 반드시 이룰 수 있을 것입니다.

긍정적인 자존감을 갖는 것은 긍정적인 자신의 모습을 그려낼 수 있다는 뜻입니다. 나 자신을 믿는다는 것이고, 자신이 그만큼 훌륭하고 멋진 사람이라고 인식한다는 뜻입니다. 그런데 우리의 학교 교육은 긍정적인 자존감을 갖고, 장점을 키우는 것에 집중하기보다는 학생이 잘 못 하는 것에 대해 초점을 두고 있습니다. 수업에서는 못 하는 부분을 집중적으로 공부해야 한다고 말하며, 평가에서는 배움과 향상을 이야기하는 게 아니라 현재의 점수만을 이야기합니다. 덕분에 대부분의 학생들은 자신의 단점에 대해서 아주 잘 알고 있습니다.

어린 초등학생들에게도 단점을 물어보면 열 가지, 스무 가지 쉬지 않고 줄줄이 늘어놓습니다. 반대로 잘 하는 게 뭔지 물어보면 머뭇거리면서 대답을 잘 못 합니다. 이 책을 읽는 독자 여러분도 마찬가지로 자신이 잘 하고 자신 있는 것보다 남들보다 못 하는 것, 자신 없는 것을 더 잘 알고 있을 것입니다.

그러나 잘 하는 것에 집중하다 보면 자신이 잘 하는 것을 통해 다른 것도 잘 할 수 있는 '방법'을 아이들 스스로 찾아낼 수 있습니다. 교사나 부모가 해야 할 일은 이 방법을 아이들이 찾아낼 수 있게 돕는 것입니다. 잘 하는 것에 집중하다 보면 다른 일에도 자연스레 자신감이 생기기 때문에 아이들은 스스로 '나는 ○○을 잘하는 훌륭한 아이'라고 생각합니다. 그리고 그런 긍정적인 자존감이 있는 아이와 없는 아이는 인생의 길을 걸어가는 태도도 많이 다릅니다.

초등학교 공부는 학습 분량이 대체로 많지 않지만, 학생들이 체감하기에 급격하게 어려워지는 시기가 있습니다. 바로 3학년, 4학년 시기입니다. 초등학교 저학년에서 통합 교과를 배우고, 교과 내용과 분량은 적고 쉽기 때문에 학습 성취에서도 이해를 잘 하는 아이와 못 하는 아이가 큰 차이가 없지만, 중학년인 3학년 때 '갑자기' 사회, 과학, 음악, 미술 등의 교과가 등장하고, 그때부터는 말 그대로 공부를 잘 하기 위해서 애를 쓰는 시기가 오게 됩니다.

4학년 수학 교과서의 한 페이지가 포털사이트에 등장하여 많은 '어른'들을 놀라게 했던 일을 기억하실 것입니다. 4학년 수학 교과서에는 놀랍게도 1단원에서 '조'에 대해 배웁니다. 실제 생활에서 열한 살짜리 학생들이 십만의 단위도 제대로 경험하지 못한다는 것을 고려할 때 지나치게 큰 수인 것이 틀림없습니다. 경험하지 못한 것을 접하는 학생들은 이런 것들이 당연히 이해가 안 되고, 어렵습니다.

수학은 한 예일 뿐이지만, 학생들에게 어려워지는 학습 시기가 올 때 아이의 자존감이 떨어지지 않으면서도 학습에 흥미를 잃지 않도록 하려면 어떤 방법을 써야 할까요? 교사나 학부모는 모두 나름의 방법을 모색합니다. 대부분 학부모는 이런 시기에 좋은 학원을 알아보고 많은 교사들은 어려운 것을 쉽게 가르치는 방법을 고민합니다. 그런데 이제는 학습을 보는 이런 관점을 달리 할 때가 왔다고 생각합니다.

진로 교육은 물론이고 학습지도에서도 학생이 잘 하는 것에 초점을 맞추는 것입니다. 다중지능이론(Multifle Inteligent)에서 말하듯이 인간에게는 정말 다양한 지능이 있습니다. 신체운동지능, 음악 지능, 자연관찰지능, 대인관계지능, 공간적 지능, 수리논리적 지능, 언어적 지능 등 이미 연구된 것만 해도 8가지가 넘습니다. 아마도 우리 인간의 재능을 모두 분류한다면 그 끝을 알 수가 없을 것입니다.

그러므로 다양한 재능을 가지고 있는 학생들에게 한 가지 학습 전략이 주효할 수는 없을 것입니다. 학생들의 자존감을 키워가면서 즐겁게 공부하기 위해서는 학생마다 적절한 학습 전략이 필요합니다.

공책 정리에 관심이 많다 보니 오랜 기간 공책을 정리하는 방법을 고민해왔는데, 그러면서 한 가지 깨달은 것이 있습니다. 그것은 같은 시간에 같은 공책 정리 방법을 지도했을 때 어떤 아이에게는 놀랄 만큼 뛰어난 성적 향상을 가져오고, 어떤 아이에게는 별다른 효과가 없다는 것입니다. 어떤 아이는 마인드맵이 딱 맞아 떨어지지만, 어떤 아이에게는 재미없고 지루한 학습일 수 있다는 뜻입니다. 대신 자신이 잘 하는 식으로 정리하게 하면 아이들이 무척 좋아한다는 것을 느꼈습니다.

즉, 공책을 쓰긴 쓰되, 자신의 스타일로 쓰게 하는 것입니다. 그림이 편한 아이는 그림으로 그리면서 비주얼씽킹(Visual-Thinking)을 하도록 하고, 구조식 정리가 편한 아이는 요목화하면서 정리하게 하는 것입니다. 포스트잇을 여기 저기 붙여가면서 정리하는 게 편한 아이도 있습니다. 어떤 아이에게는 지저분해 보이는 공책이 어떤 아이에게는 딱 내 스타일이야, 라고 말하는 것도 본 적이 있습니다.

참으로 놀랍지 않습니까?

학생마다 자신에게 맞는 학습 방법과 전략이 따로 있다는 것을 교사와 학부모가 먼저 이해해야 합니다. 결국 이것은 다양한 것을 경험을 하는 것이 중요한 이유이기도 합니다. 이런 저런 경험을 많이 하다 보면 자연스럽게 자신이 좋아하고 잘 하는 것을 파악하게 되고, 그 방법을 통해서 나만의 스타일을 만들어갈 수 있기 때문이지요.

그러므로 아이들에게 필요한 것은 그런 체험을 많이 해보게 하는 것입니다. 현장체험학습을 떠나서 박물관에 가고, 공원에 산책 가는 것만 중요한 게 아니라 학습에서도 다양한 방법을 경험해보아야 한다는 뜻입니다. 못하는 것에 집중하는 게 아니라 잘하는 것에 집중해서 잘하는 것을 통해서 자신감을 잃지 않도록 하되, 잘하는 것을 응용한 형태의 학습 전략을 짜고 지도하는 것, 그것이 바로 우리가 이 시대 아이들에게 해주어야 하는 학습 지도입니다.

이제 다양성이 가장 큰 가치가 되는 시대가 되었습니다. 더 이상은 같은 방법으로 문제를 풀고 있는 아이들은 아무런 성과를 내지 못합니다. 문제를 해결하는 게 아니라 문제를 만들어낼 줄 아는 아이들이 되려면 그만큼 많은 도전을 경험해보아야 하고, 자신만의 방법과 스타일을 갖고 있는 아이들이어야 합니다.

아이들에게 나만의 스타일을 가질 수 있도록 선생님이 먼저 학습 전략을 다양하게 구사할 수 있어야 합니다. 적어도 내가 가르치는 학생을 위해서 열 손가락 안에 드는 전략들을 갖고 있어야 한다고 생각합니다.

진로 교육은 비단 꿈이나 직업뿐만 아니라 학생의 학습 지도도 병행되어야 합니다. 다양한 학생의 재능을 키워줄 수 있는 학습 전략을 지도해야 하는 이유는 아이들이 긍정적인 자존감을 잃지 않고 학습에 흥미를 꾸준히 가질 수 있는 유일한 방법이기 때문이며 동시에 가장 잘 하는 것을 통해서 나머지 것들을 함께 끌어나갈 수 있는 학생 내면의 힘을 이용하는 방법이기 때문입니다.

03

레인보우 브릿지, 공부의 꿈을 이루게 한다

《기적의 수업멘토링》에서 레인보우브릿지에 대한 설명을 한 적이 있습니다. 학습부진에 대한 설명과 함께 나이아가라 폭포에 있는 레인보우 브릿지(Rainbow Bridge)를 설명했습니다. 레인보우 브릿지는 폭포와 폭포 사이에 놓인 다리이므로 사람들은 모두 레인보우 브릿지를 어떻게 놓을 수 있었을지 궁금해 합니다.

이 다리를 놓은 방법은 간단합니다. 처음에 폭포 양쪽 끝에서 연을 띄워 연줄을 서로 연결했고, 그 다음은 연줄이 끊어지지 않을 정도의 아주 가느다란 철사를 연결했습니다. 다음에는 가느다란 철사에 조금 굵은 철사를 연결했습니다. 그리고 그 다음은 조금 더 굵은 철사를 연결하고, 그 다음은 더 굵은 철사를 연결했고, 같은 과정을 끝없이 반복해서 결국 다리를 놓았습니다. 불가능할 것으로 보였던 폭포 사이의 다리는 바로 이렇게 해서 놓인 것입니다.

해결책이 없어 보이는 학습 부진은 바로 이렇게 불가능한 폭포 사이에 다리를 놓는 것처럼 작은 목표를 나누어서 끝없이 도전하는 방법으로 해결할 수 있습니다. 수업에서는 학생의 이해를 돕는 다양한 교수·학습 전략을 사용하고, 수업 마무리 단계에서는 1:1로 학생의 이해를 확인합니다. 수업 밖에서는 학생이 할 수 있도록 계획을 함께 세우고, 작은 목표를 성취감을 맛보면서 꾸준히 돌파해나가는 식으로 접근합니다.

학습 부진 뿐 아니라 모든 목표 달성은 이 레인보우 브릿지 방식으로 가능합니다. 이는 자동차 왕 헨리 포드가 "어떤 목표든 잘게 쪼개면 우리는 그것을 충분히 해낼 수 있다"고 말한 것과 같습니다. 단기목표, 중장기 목표, 장기 목표와 같이 목표를 세분화하여 계획하고, 세운 계획을 지켜나가는 자기 조절 능력을 길러주면 작게는 학습의 성취, 크게는 인생의 목표를 이룰 수 있습니다.

특히 학습의 성취를 거두는 것은 학생에게 있어서 긍정적인 자아의식을 갖는 데 큰 도움을 줍니다. 할 수 있다는 자신감을 한 번 맛본 학생은 다음 계획에서도 조금 더 의욕을 갖고 노력합니다. 또한 목표를 성취하고 도달하였다는 만족감 역시 함께 길러지기 때문에 학생들에게 학습의 성취는 꿈의 성취와 함께 맞물려 있기도 합니다.

그래서 남이 시켜서 하는 공부가 아니라 내가 하고 싶어서 내 스스로 나의 시간을 조절하여 계획한 만큼 해나가는 '착한 공부'를 통해서 학생들이 성취를 맛보고, 자기조절능력을 키워가는 것을 배우도록 지도해야 합니다. 학원이나 과외에서 선행학습을 하고도 성적이 제대로 나오지 않는 이유는 왜 공부해야 하는지 생각해본 적이 없고, 목적을 갖기 전에 결과를 먼저 강요당하기 때문입니다.

대기업의 임원이나 큰 회사의 CEO들일수록 이런 시간 관리와 자기관리 능력이 얼마나 필요한 것인지 잘 알고 있습니다. 실제로 '세상을 바꾸는 시간 15분'에 출연한 방송을 보고 전화를 걸어 초등학생 자녀를 위해 간단한 셀프학습 플래너를 제작하고 싶다며 방송에 나온 셀프학습체크리스트를 요구한 대기업 임원 분도 있었습니다.

'착한 공부'를 위해 중요한 것은 공부를 위한 계획을 세우려면 내가 스스로 무엇을 잘 하고 무엇이 부족한지 구체적으로 정확하게 알아야 하고, 그 부분을 체계적으로 접근하기 위해 어떤 공부를 어느 정도 할 수 있는지 자신의 시간을 쪼개어 살피는 과정이 필요하다는 것입니다. 이는 인생의 다른 여러 계획에도 마찬가지로 적용할 수 있습니다.

가장 가까운 예로 저는 책을 쓸 때 책을 마무리하기까지 걸릴 시간과 하루에 원고를 쓰기 위해 투자할 수 있는 시간을 먼저 계산합니다. 책을 쓰기 위한 장기적인 계획을 세우고, 이것을 쪼개어 다시 하루에 어느 정도 분량의 글을 쓸 수 있고, 투자해야 하는 시간이 어느 정도인지 계산한 다음 실제로 그만큼 매일 일정 시간 일정 분량의 글을 쓰는 것입니다. 실제로 짧은 시간에 책을 여러 권 낼 수 있었던 것은 이 시간 쪼개기와 계획 쪼개기 과정이 있었기 때문에 가능했습니다.

왕비의 재테크라고 하여 유명한 재테크 방법이 있습니다. 바로 통장을 여러 개 만들고, 그 중 하나는 여유 자금을 만들어 두는 것입니다. 일명 저수지 통장을 만들어 두면 나중에 급하게 돈이 필요할 때도 이 통장에서 돈을 꺼내 쓰기 때문에 대출을 받거나 해서 가정경제가 휘청거리는 일이 없게 됩니다. 시간을 관리하는 것도 비슷하다고 생각합니다. 매일 조금씩의 시간을 원하는 일에 투자하다 보면 자연스레 목표를 이룰 수 있게 됩니다. 세상의 수없이 많은 위인들이 이 '레인보우 브릿지' 방법으로 성공을 했고, 지금 이순간도 자신의 목표를 단기, 중기, 장기 계획으로 쪼개고 있을 것입니다.

셀프학습 체크리스트 지도하기

학기 초에 학생들에게 셀프학습체크리스트에 대해 충분히 설명해줍니다. 물론 계획을 세우고 실천하는 것은 습관이 되지 않은 아이들에게는 어려운 일입니다. 하지만 행동이 습관이 되기까지 걸리는 시간이 21일이라는 것을 행동심리학자들이 이야기했듯이 대략 한 달 가까운 시간 동안 계획 세우기, 지키고 반성하기 등을 집중적으로 지도하다 보면 자연스럽게 자신이 해야 하고자 마음먹은 일부터 하는 습관을 갖게 됩니다.

또한 이 부분은 따로 보상을 하지 않고 벌을 주거나 다그치지도 않습니다. 그것은 오로지 학생 스스로 자신에게 하는 약속이기 때문이며, 자신과의 작은 약속을 지키는 사람이 되어야 나중에 자신이 하고 싶은 인생의 꿈을 이룰 수 있다고 지도합니다. 그렇게 간단한 약속 지키기를 시작하는 것으로도 학생들은 변화되고 그 변화를 통해서 학업의 성취를 올리고, 비전을 이루는 일에 한 걸음 더 다가서게 됩니다.

다음은 셀프학습체크리스트를 실제로 활용하는 방법입니다.

먼저 구체적으로 어떤 공부를 해야 하는지 공부가 필요한 부분을 찾아보게 합니다.

다음으로는 그 공부를 하기 위해 자신이 쓸 수 있는 시간이 얼마나 되는지 파악하게 합니다. 보통 학생들이 학원을 갔다 오고 나면 늦은 저녁이 됩니다. 이 시각부터 잠들기 전까지의 시간 중 자신이 하고 싶은 공부를 위해 쓸 수 있는 '착한 공부'의 시간이 얼마나 되는지 파악하게 하는 것입니다.

파악한 시간 중 공부에 쓸 수 있는 시간을 살펴보고 그 시간 중 얼마를 어느 공부에 쓸 것인지 계획 세우게 합니다. 그러기 위해서는 중장기 계획에 대한 전망도 있어야 하고, 짧은 단기 계획으로서의 전망도 필요합니다. 단기계획으로 일주일 분량의 공부 계획을 세워보고, 이를 주말에 반성하게 하는데 반성한 내용을 바탕으로 다음 한 주의 계획을 자신이 해낼 수 있는 만큼 피드백하여 조절합니다.

공부만 계획세우는 것이 아니라 운동이나 독서처럼 학생들에게 반드시 필요한 부분을 함께 찾아보고 이 부분도 같이 계획 세워보게 하면 학생들이 스스로 한 약속을 지키기 위해서라도 운동도 하고, 독서도 하게 됩니다.

그러나 사실 빼곡하게 정리를 잘 한 플래너보다 더 중요한 것은 스스로 계획을 세워보는 습관을 갖는 것입니다. 계획을 세워 지키고자 하는 의지를 배우는 것보다 학생들이 학업성취를 높이는 좋은 방법은 없습니다.

학생들에게 '착한 공부'의 재미를 가르쳐주는 학급이 많아졌으면 좋겠습니다. 시켜서 하는 공부보다 스스로 찾아서 하는 공부가 재미있고, 내가 하고자 한 만큼 해냈을 때 얼마나 뿌듯하고 좋은지 아이들 스스로 느껴보게 하는 것입니다.

소개하는 '셀프학습체크리스트'는 초등학생들이 활용하는 간단하지만, 스스로 계획을 세우고 체크해가는 습관을 갖게 하는 데 가장 효과적인 형태의 것입니다. 학급에서 좋은 아이디어를 덧붙여 활용해보기 바랍니다.

☆ **셀프학습체크리스트**

나는 나와의 약속을 잘 지킵니다. 나는 하고 싶은 일을 할 수 있는 힘이 있습니다. 나에게는 꿈이 있습니다.

	월(4 월 7 일)	확인	화(4 월 8 일)	확인	수(4 월 9 일)	확인
공부	1. 자유일기 쓰기	O	1. 독서일기 쓰기	O	~~1.~~ 감사일기 쓰기	
	2. 핀란드수학(44~45)	X	2. 핀란드 수학(46~47)	O	2. 구몬 학습지 3장풀기	O
	3. 구몬 학습지 3장 풀기	O	3. 구몬 학습지 3장 풀기	O	3. 문제집 사회풀기(20문제)	O
	4 문제집 국어 풀기(20문제)	O	4. 문제집 수학풀기(20문제)	O	4.	
	5. 학습일지 쓰기(과학)	O	5. 학습일지(국어)	O		
			6. 학습일지(사회)	O		
독서	※ 책 빌리기 빌리기					
	1. 세상을 바꾼 위대한 책벌레들	O	1. 피터팬 172~193 읽기	△	1. 피터팬 194~212 읽기	O
	2. 피터팬 172쪽 까지 읽기	O	2.		2.	
운동	1 태권도 1시간 운동	O	1 태권도 1시간 운동	O	1 태권도 1시간 운동	O

[전략 3]

10-10-10 진로 교육, 아이의 미래를 바꾼다

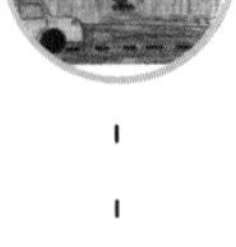

01

10 : 종이 위의 기적을 만나게 하라

잭 캔필드가 쓴 《가슴이 원하는 삶》에는 몬티 로버츠의 이야기가 나옵니다. 몬티 로버츠는 어린 소년이었을 때 몹시 가난했습니다. 그의 아버지는 떠돌아다니면서 말을 조련하는 말 조련사였기 때문에 몬티 역시 학교를 끝없이 옮겨 다녀야 했습니다. 고등학교 졸업반이 되었을 때 담임선생님은 훗날 어른이 되면 어떤 인물이 되고 싶고, 무슨 일을 하고 싶은지 적어내라고 숙제를 내주었습니다.

어린 몬티는 언젠가 자신이 거대한 목장의 주인이 되겠다는 인생의 목표를 일곱 장의 종이에 깨알같이 적어 내려갔습니다. 소년은 아주 상세하게 자신의 꿈을 적었고, 마구간, 건물, 트랙의 위치를 자세하게 적은 다음 25만 평에 달하는 목장의 설계도까지 그렸습니다. 그 안에는 100평짜리 집을 짓겠다는 내용도 있었고 집을 그린 구체적인 설계도도 있었습니다.

소년은 그날 저녁 자신의 꿈을 설계하는 것에 온 마음을 쏟아 부었습니다. 소년은 선생님께 다음 날 숙제를 제출했고, 이틀 뒤에 숙제를 돌려받았습니다. 겉장에는 커다랗고 붉은 글씨로 "F"라고 씌어 있었습니다. '수업이 끝난 뒤에 나를 만날 것!'이란 쪽지도 붙어있었습니다.

소년은 선생님을 찾아가 물었습니다.

"제가 왜 F학점인가요?"

"이것은 너 같은 환경의 아이한테는 너무 비현실적인 꿈이니까. 너는 우선 돈이 한 푼도 없고, 너의 가정은 온 도시를 떠돌아다니는 형편이다. 자본을 끌어올 곳도 없지 않니. 말 목장을 가지려면 엄청난 돈이 필요하지. 땅도 사야하고, 말도 사야하고, 종마 값도 치러야 하는데 이 모든 돈을 어떻게 감당하겠니."

선생님은 한 마디 더 덧붙였습니다.

"네가 좀 더 현실적인 목표를 세워서 숙제를 다시 제출하면 나는 네 점수를 재고해볼 것이다."

소년은 집으로 돌아가 깊이 생각했습니다. 그리고 아버지에게 물었습니다. 아버지는 이렇게 대답하였습니다.

'아들아, 이건 너만이 결정할 수 있는 문제란다. 그리고 그 결정이 너의 인생에 있어 매우 중요한 것이 될 거라고 나는 믿는다.'

일주일 동안 이 문제를 깊이 생각한 소년은 결국 숙제를 전혀 수정하지 않고 다시 제출했습니다.

"선생님, F를 주세요. 저는 제 꿈을 포기하지 않을 테니까요."

소년은 그 숙제를 버리지 않고 액자에 넣어 그대로 간직했습니다. 그런데 이 이야기의 놀라운 부분은 그 다음입니다.

시간이 흐른 뒤, 이 소년은 실제로 25만 평짜리 목장을 지었고, 백 평짜리 집도 지었습니다. 그리고 그 넓은 25만 평짜리 목장으로 그때의 선생님이 학생들을 데리고 방문한 것입니다. 그 선생님은 이렇게 말했다고 합니다.

"몬티, 이제 자네에게 말해야겠네. 내가 자네를 가르치는 선생이었을 때 나는 꿈을 훔치는 도둑이었지. 그 시절에 나는 참으로 많은 아이들의 꿈을 훔쳤어. 다행히도 자네는 굳센 의지가 있어서 자네의 꿈을 포기하지 않았던 것이지."

많은 것을 생각해보게 하는 이야기입니다. 특히 '꿈 도둑'이란 말이 가슴에 크게 남습니다. 교사나 부모가, 학생들의 꿈을 훔치는 도둑은 아닌지 생각해보아야 할 것입니다. 교사나 부모가 아이의 재능을 알아봐주고 그 꿈의 씨앗을 발아시키도록 도와야 하는 것은 당연한 일이지만, 그것은 결코 쉬운 일이 아닙니다. 그래서 더 많이 노력해야 하고, 교사도 부모도 아이와 같이 공부해야 하고 관심을 가져야 하고 사회의 변화와 시대의 흐름을 읽을 수 있어야 합니다.

결국 가장 중요한 진로 교육은 교사가 꿈이 얼마나 중요한 것인지 아는 것입니다. 교사가 꿈을 갖고 있는 교실에서만 아이들도 꿈을 키울 수 있습니다. 교사가 그깟 꿈이 대수냐, 라고 말하는 교실에서 어떻게 아이들이 꿈을 키울 수 있을까요. 진로 교육 몇 시간으로는 아이들이나 학부모, 혹은 교사의 생각을 변화시키는 데 어려움이 많을 것이라고 생각합니다.

저희 민들레반 교실에서는 연중 진로 교육 프로젝트를 운영하고 있습니다. 어린 아이들이지만 멘토, 버킷리스트라는 단어가 전혀 어색하지 않습니다. 저희 교실에서 실천하고 있는 학급운영 및 교육과정과 연계한 진로 교육 사례를 간단히 소개합니다. 사실 멘토 찾기, 멘토에게 편지쓰기,

위인전 읽고 소개하기, 사명선언문 쓰기, 버킷리스트 쓰기, 나의 장점 찾기, 보물지도 만들기 등은 초, 중, 고, 성인에 상관없이 해볼 수 있습니다. 또한 학교 전체가 비전교육을 교육과정으로 연계하여 운영하면 더욱 큰 시너지 효과를 거둘 수 있습니다. 실제로 전주교대군산부설초등학교에서 근무할 때는 이 내용을 워크북 형태로 제작한 '비전워크북'을 매주 1회 전교생이 활용하도록 하였으며, 학교의 특색이 되어 5년째 활용 중에 있습니다.

그러나 프로그램보다 중요한 것은 교사 자신이며, 교사가 꿈을 품고 학생들에게 자주 꿈에 대해 이야기하는 것보다 더 중요한 진로 교육은 없습니다. 선생님들의 아이디어가 덧붙여져 함께 꿈꾸는 교실을 만들어갔으면 좋겠습니다.

☆ 비전 교육 연간 활동 계획

월	비전 교육 활동	활동 내용	활동 시기
3	나의 꿈 타일 만들기	나의 꿈을 사진이나 글로 타일에 그려 넣도록 합니다.	창체(자율)
4	비전 선언문 쓰기	비전 선언문을 작성합니다.	창체(자율) 국어와 연계
5	비전 명함 만들기	미래 명함을 작성합니다.	창체(진로) 미술과 연계
6	비전 골든벨	꿈을 이룬 위인 20명에 대해 알아보는 골든벨을 실시합니다.	창체(동아리) 사회과 연계
7	비전 발표회 열기	학급 전체 아이들이 비전 발표회를 열고 자신의 꿈과 비전을 이야기하는 내용을 동영상으로 홈페이지에 공유합니다.	창체(자율, 진로)
9	나의 멘토 조사하기	멘토에 대해 알아보고 조사하여 보고서를 작성합니다.	창체(자율) 국어과와 연계
10	미래 일기 쓰기	꿈을 이루었다 생각하고 미래 일기를 써보도록 합니다.	창체(진로) 국어와 연계
11	버킷 리스트 쓰기	자신이 이루고 싶은 꿈을 세세하게 버킷 리스트를 작성하게 합니다.	창체(동아리)
12	비전 발표회 열기	1학기에 비해 달라진 내용이 있든 그렇지 않든, 다시 한 번 꿈과 비전에 대해 자신감을 가질 수 있도록 학급 비전 발표회를 합니다.	창체(진로, 동아리, 자율)

☆ 비전 교육 실내 학급 환경 구성

위 사진은 학생들의 꿈을 OHP 필름에 네임펜으로 색칠한 것입니다. 닮고 싶은 위인을 인쇄한 후 OHP 용지에 붙입니다. 그런 다음, 네임펜으로 따라 그린 후 이루고 싶은 꿈에 대해 적습니다.

☆ 주말 과제로 제시한 버킷 리스트

꿈을 적어야 꿈이 이루어집니다. 내 꿈과 비전을 생각해 보는 휴일이 되길 바랍니다.

나의 버킷 리스트

2013년 9월 9일 5학년 3반 이름(　　　)

	하고 싶은 일	언제까지?	그 꿈을 이루기 위해 내가 해야 할 일은?
예시	나는 히말라야에 가서 등산을 하겠다.	25세	등산에 관심을 갖고 체력을 키운다. 한 달에 한 번 등산을 한다.
2			
3			
4			
5			
6			
7			
8			
9			
10			

☆ 미래 명함 만들기

○ 명함에 하는 일, 연락처, 주소, 이름 등을 자세하게 적어 다른 사람에게 자신을 소개할 수 있습니다.

○ 자신이 미래에 하고 싶은 일을 하는 장면이나 모습을 그림으로 그리고 명함으로 꾸며봅시다.

자신의 사진이나
미래의 모습

☆ 꿈이 만화가인 임성연 어린이가 그린 미래 명함

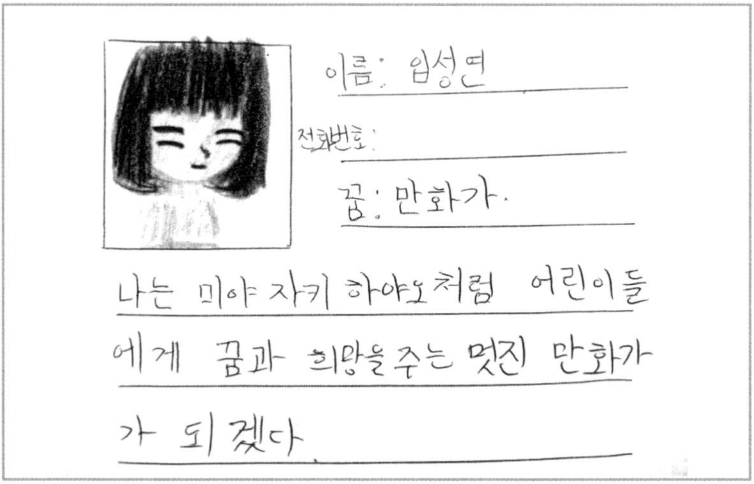

☆ 비전 선언문 쓰기

(　　　　)의 비전 선언문

2013년 월 일

나는 (　　)이 되고자 하는 비전을 품고 있다.

나는 (　　)년까지 (　　　　　)하는 사람이 되어 사람들에게 희망과 용기를 줄 것이다. 그러기 위해 나는 매일 (　　　　　　)를(을) 할 것이고 (　　　　　)에 대해 노력할 것이다.

나는 나의 비전을 꼭 이룰 것이다.

☆ 성효 샘의 사명 선언문

나의 사명, 나의 비전

2014년 4월 1일, 군산에서 김성효

나는 교육전문가로서 후배 교사들에게 꿈의 멘토가 될 것이다. 또한 꾸준히 책을 쓰고 강의를 하는 전문 강사로서 이 땅의 학부모, 청소년, 교사들에게 꿈의 크기와 비전의 힘을 이야기할 것이다. 그러기 위해서 2020년까지 매년 1권씩, 다양한 교육관련 서적을 10권 이상 출간할 것이다.

나는 교육전문직으로서 연수원에서 신규 교사를 위한 다양한 연수 프로그램을 기획하고 새로운 멘토들을 발굴해내는 작업을 할 것이며, 선생님들에게 도움이 되는 조력가로서의 역할을 수행할 것이다. 또한 교사들이 해외의 우수한 선진 교육기관에서 공부하고 견학할 수 있도록 해외에서의 가교 역할을 할 것이다.

건강하고 행복한 삶을 살아가기 위해 꾸준히 운동할 것이며, 사랑과 감사와 배움의 열정으로 끝없이 배우고 성장하는 삶을 살 것이다.

☆ 미래 일기 쓰기

미래 2030년 10월 15일의 일기를 상상하며 그림(또는 만화) 일기를 써봅시다.

☆ 나의 장점 찾기

나의 장점을 찾아볼까요? 많이 쓸수록 좋습니다.

민들레 8기 3학년 6반 이름

1.
2.
3.
4.
5.
6.
7.
8.
9.
10.
11.
12.
13.
14.
15.
16.
17.
18.
19.
20.

장점을 찾아 써본 후 느낌이 어떻게 달라졌나요?

☆ 미래 이력서 만들기

다음은 한남대학교 총장을 지낸 이원설 박사의 이야기입니다. 이 박사는 1958년 미국 유학 중에 자신의 '미래 이력서'를 다음과 같이 작성했습니다.

1960년, 박사 학위를 취득
1961년, 한국 대학에서 조교수
1968년, 미국 대학에서 교수
1980년, 대학 학장
1985년, 대학 원장
1992년, 대학 총장
2000년, 70세가 되는 해에 은퇴

또한 이 박사는 아이를 언제 낳고 아이들이 대학에 진학한 뒤 언제 유학을 보내며 결혼은 언제 시킬지 구체적인 계획까지 덧붙여 놓았습니다. 그리고 놀랍게도 '미래 이력서'에 기재된 내용은 수십 년 뒤에 모두 이루어졌습니다.

이 박사는 이력서보다 1년 늦었지만 34세인 1961년에 박사 학위를 취득했고, 1969년 39세의 나이로 단과 대학 학장이 되었으며, 51세인 1978년에는 경희대 부총장, 54세가 되던 1981년에는 대학 총장이 되었습니다. 오히려 글로 적은 년도보다 여러 해 앞당겨 목표를 성취했던 것이지요.

자신이 몇 년도에 무엇을 하고, 무슨 일을 이루어낼지 나만의 이력서를 작성해 봅시다. 미래 이력서를 구체적으로 기록할수록 실천력이 커지고 꿈이 실현될 가능성이 더 커진답니다.

◇ 2016년 :
◇ 2020년 :
◇ 2030년 :
◇ 2040년 :
◇ 2050년 :

☆ 나의 인생그래프 그리기

인생그래프를 그려보면서 자신이 살아온 인생과 앞으로의 미래 모습에 대해 생각해봅시다.

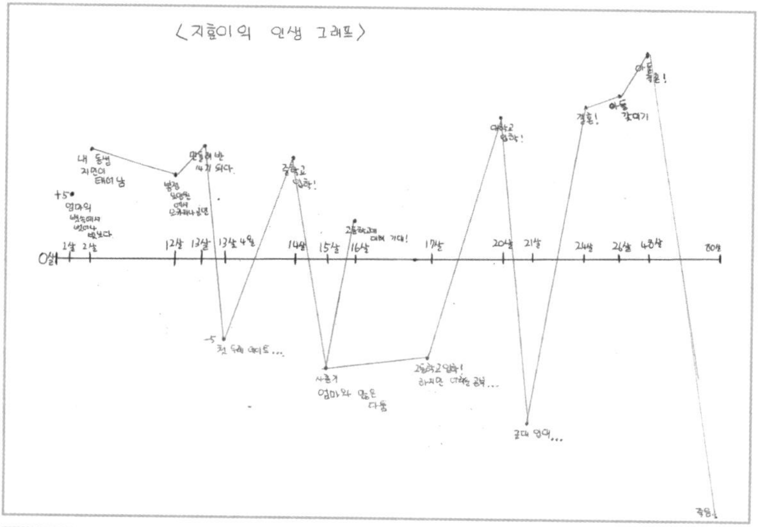

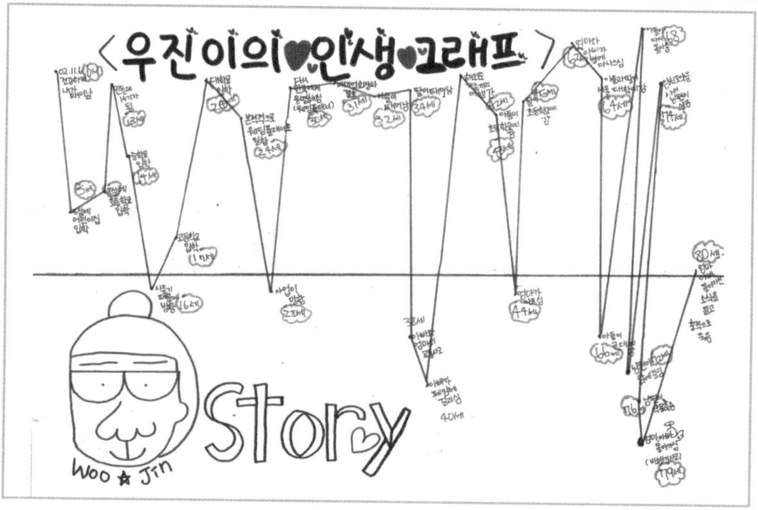

☆ 보물지도 만들기

보물지도는 시각적인 이미지로 이루고 싶은 비전에 대한 모든 내용을 보드에 붙여 만듭니다. 여행하고 싶은 곳, 살고 싶은 집, 미래의 나의 모습, 미래의 나를 설명하는 짧은 문구 등 다양한 이미지를 신문이나 잡지, 인터넷 등에서 찾아 붙입니다.

02

10 : 미래 10년 후를 꿈꾸게 하라

세계적인 미래학자 앨빈 토플러는 2007년 6월 서울의 보성고를 찾아 한국의 많은 고등학생들을 위한 강연에서 이렇게 말한 바 있습니다.

"빠르게 변하는 시기에 평생 직업이라는 것은 사라질 수 있다"

이것은 미래에 유망한 직업이 무엇이냐는 한 학생의 질문에 대한 답이었다고 합니다. "유망한 직업이 무엇이 될 것이라 말하기 조심스럽다"고 말을 꺼낸 그는 "오늘 없는 직업이 내일 생길 수 있으며 여러분들의 생각도 바뀌게 될 것이다. 유망한 직업만을 고를 것이 아니라, 나는 무엇을 할 것인가를 자문해보라"고 청소년들에게 조언했습니다.

그는 또 "어느 한 가지 일을 수십 년 하겠다면 아마도 오산일 것"이라며 "직업이나 회사를 택할 때 그것의 현재 모습만 보지 말고 10년 후를 내다보고 판단하라"고 덧붙였습니다.

이 이야기에서 가장 중요한 것은 학생들이 지금을 보고 미래를 설계하는 것이 아니라 보이지 않는 10년 후라는 미래를 보고 설계해야 한다는 것입니다. 아이들이 꿈꾸는 직업 중에는 지금은 화려해보여도 불과 십 년 후만 되어도 사라질 직업이 있을 수 있습니다.

2013년 3월 이스탄불에서 열린 TEDx에서 미래학자 토머스 프레이는 "2030년까지 전 세계 일자리 20억 개가 사라지며, 지구인 80억 명중 절반은 일자리가 없어질 것이다"라고 말했습니다. 2030년이면 20~30대가 되어 한창 일할 수 있는 나이일 지금의 청소년들이 생각하기에는 이러한 전망이 어두운 미래일 수 있습니다.

그러나 반대로 생각할 때는 그만큼 새로운 직종이 생겨나고, 지금과 같은 직업의 귀천이 사라질 것으로 기대할 수도 있습니다. 한 예를 들면, 10년 전만 해도 3D프린터는 상상할 수도 없는 기계였습니다. 그런데 1984년 미국에서 개발한 이 3D프린터는 현재 산업, 문화, 기술, 국방 등 다양한 분야에서 마법처럼 사용될 것으로 기대되고 있습니다. 심지어는 이 3D프린터로 비행기를 만들 수도 있고, 집을 지을 수도 있습니다. 지금은 가장 유망한 미래 직종 중 하나가 바로 3D 프린터개발자입니다.

이렇듯 남들이 미처 생각하지 못한 이런 블루오션에 남들보다 한 발 빨리 움직인 사람은 미래 사회를 앞서가는 주도적인 리더들이 될 수밖에 없습니다. 우리 학생들이 다양한 미래 사회의 직업을 탐색해보고, 고민하는 시간을 가져야 하는 이유입니다.

또한 사회가 발달할수록 직업은 더욱 세분화될 것입니다. 치과의사도 단순한 치과의사가 아니라, 악관절만 전문으로 보는 치과의사, 임플란트를 전문으로 하는 치과의사, 아이들만 치료하는 치과의사도 있습니다. 세분화된 직업 세계가 형성되어가고 있다는 뜻입니다. 학생들이 사회의 이런 변화 과정을 미처 이해하지 못한다면 엉뚱한 사라질 직업을 꿈꾸게 될 수도 있습니다. 그래서 사회 변화에 학생들도 관심을 가져야 하고, 학생들을 가장 가까이서 지도하는 부모와 교사도 이런 부분에 대해 주의 깊게 관심을 갖고 노력해야 하는 것입니다.

학생들이 다양한 직업을 경험해보고 탐색하는 시기를 거치지 않는다면 자신이 무엇을 좋아하는지, 어떤 것에 재주가 있는지도 모르고 그저 공부만 열심히 하면 미래를 설계하는 것이라고 착각하기 쉽습니다. 실제로 전 세계에서 가장 많은 시간을 공부하는 데 쓰고 있는 우리 학생들입니다. 그렇지만 앨빈 토플러도 한국의 교육은 "미래에 필요한 지식이 아닌 엉뚱한 것을 얻기 위한 데에 힘을 쏟고 있다"고 비판한 바 있습니다.

남들이 다 가는 길을 따라가는 사람은 모험을 할 필요가 없고 안정된 길을 가지만, 남들이 가지 않는 길을 가는 사람은 끝없는 반복과 연습과 도전, 실패를 해야만 합니다. 그러나 그런 길을 가는 이들만이 자신이 하고 싶은 일을 하면서 행복한 삶을 살아갈 수 있습니다. 우리는 아이들에게 지금의 하루를 행복하게 살아가는 방법을 가르쳐주어야 합니다. 지금을 살아가는 힘과 미래를 설계하는 능력을 키워주는 것이야말로 앞으로의 미래 진로 교육의 가장 핵심이 될 것입니다.

현실적인 진로 교육은 크게 4단계로 살펴볼 수 있습니다.

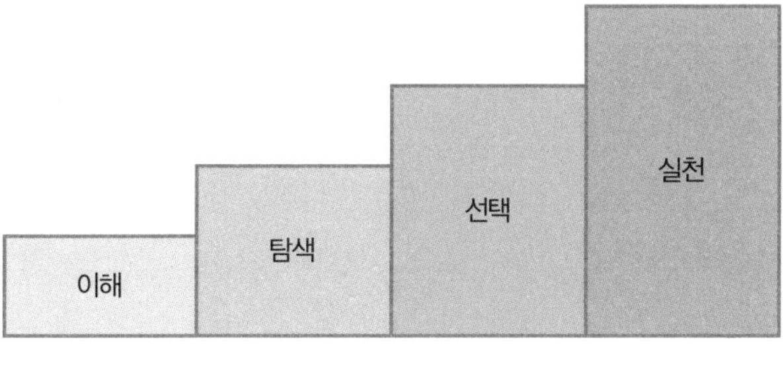

이해란, 나 자신에 대해서 알게 된다는 것입니다. 그러나 자신을 이해하고 제대로 안다는 것은 결코 쉬운 일은 아닙니다. 자신이 어떤 사람인지 모르고 자신과 전혀 맞지 않는 진로를 선택한 후 평생을 후회하면서 사는 경우도 무척 많습니다. 대부분은 자신의 내면을 직접 살펴보고 이해하는 과정을 거쳐보지 않은 경우입니다.

그래서 학생 스스로 자신을 이해하기 위해서는 다양한 방법을 사용해야 합니다. 교사의 오랜 관찰을 통한 객관적 이해도 중요하고, 각종 심리 검사나 적성 검사 등을 통해 자신의 적성이 무엇인지 이해하는 과정도 반드시 필요합니다. 학생의 적성 검사와 흥미 검사, 혹은 학습동기 검사 등이 중요한 것은 학생을 이해하는 하나의 단서가 될 수 있기 때문이기도 합니다. 제 2의 김연아가 될 수 있는 학생에게 스케이트화가 아니라 영어 사전을 쥐어주는 교사가 되어서는 안 된다는 뜻입니다.

학생을 유심히 살펴보는 습관을 가진 교사라면 학생마다 각자의 강점과 재주가 다 다르다는 것을 알 수 있을 것입니다. 이것은 자녀를 보고 싶은 대로 바라보는 부모의 주관적인 입장과는 달라서 교사의 시각은 비교적 객관적인 편이나, 교사 역시 노력하지 않으면 부모와 마찬가지로 한 쪽으로 치우친 편견을 갖고 학생을 대할 수도 있습니다. 아, 이 아이는 이래, 라고 쉽게 말하는 것입니다. 이것은 교사 자신이 가지고 있는 프레임에 맞추어서 아이를 바라보기 때문입니다. 그러나 중요한 것은 학생을 있는 그대로 지켜보되, 가진 특성을 긍정적인 방향으로 생각할 수 있도록 이끌어주는 것입니다.

학급에서 욕심이 많은 학생을 가끔 봅니다. 욕심이 많은 한 면만 볼 때는 괘씸하고 얄미운데 신기한 것은 이 학생들이 대부분 매우 적극적이기도 하다는 것입니다. 욕심이 많은 아이일수록 학급 행사에도 적극적으로 참여하고, 모든 일에 앞장서서 해결하려고 합니다. 이런 아이들이 많을수록 학급 행사가 적극적으로 추진되는 것을 수도 없이 보았습니다.

반대로 매우 소극적이고 소심한 아이들도 있습니다. 이런 아이들은 지나치게 조심스럽고 겸손하기 때문에 자신의 의견을 내세우거나 고집하는 일이 없지만 그런 까닭에 실수하거나 경솔하게 행동하여 다른 친구에게 상처 주는 일이 없습니다. 다른 사람의 의견을 끝까지 주의 깊게 경청해주는 것도 이런 아이들의 특성입니다.

흔히 말하는 까칠한 아이들은 공격적이라서 다른 아이들과 좋은 관계를 맺기가 어렵지만 일단 친구를 사귀면 배신하거나 뒤에서 험담하는 일이 없습니다. 또한 싸운 뒤에도 뒤끝이 없고 잘못했을 때는 자신의 잘못을 깔끔하게 인정합니다. 속정이 깊고 인정이 많은 것도 바로 이런 아이들의 특성입니다. 교사들이 다른 아이들과 싸우는 모습만 보다가 의외로 친절하고 따뜻한 면이 있다고 말하는 아이들이 바로 이런 아이들이기도 합니다.

하나하나 살펴보면 어느 것 하나 버릴 수 없는 아이들의 모습입니다. 교사의 프레임으로는 못마땅하고 아닌 것처럼 느껴지는 부분이라 해도 아이들에게는 이런 모든 특성들이 바로 아이 그 자체입니다. 그것은 마치 동전의 양면과 같습니다. 동전이 앞면이나 뒷면, 어느 한 면만 있으면 동전으로 쓰일 수 없듯이 아이들도 자신이 가진 장점과 단점 모두에 대해 정확하게 이해하고 있을 때 비로소 자신의 색이 무엇인지도 알게 됩니다.

교사는 아이들이 자신이 누구인지 알게 돕고 아이들의 장점과 단점이 그대로 인정받고 존중받도록 해야 합니다. 학부모와 상담할 때 아이의 단점을 고민하는 학부모에게 저는 이렇게 말합니다.

"욕심이 많은 게 얼마나 고마운 것인지 생각해보세요. 나중에 학교 공부를 열심히 해야 하는 순간이 왔을 때, 욕심이 많은 아이는 그 욕심이 공부를 할 수 있는 힘이 됩니다. 내면의 불이 뜨겁게 타는 아이는 움직일 수 있는 힘이 처음부터 갖춰진 것이니 이 얼마나 감사할 일입니까."

"아이가 다른 친구에게 양보하고 화를 내지 않는 것을 손해 보는 것으로만 생각하지 마세요. 이 아이가 나중에 리더가 되었을 때 아이가 다른 사람들을 이끌어가면서 얼마나 많이 배려하고 이해해주겠습니까. 이 아이는 훌륭한 사람이 가져야 할 가장 좋은 장점을 이미 가지고 있는 아이입니다."

이렇게 말해주면 학부모들은 아~ 하고 미처 생각해보지 못했던 부분이라고 말합니다. 정말로 인간은 누구에게나 단점과 장점이 같이 존재합니다. 이런 모든 것을 자기 자신이 가장 정확하게 이해하고 그것들이 서로 시너지 효과를 내도록 돕는 교사가 되어야 합니다.

학생을 위한 다양한 진로 검사와 적성 검사, 심리 검사 등을 병행하여 교사의 시선을 최대한 객관화시키기 위한 노력을 해야 합니다. MBTI 검사를 통해서 학기 초에 학생의 유형을 파악해놓는 것이나 적성 검사를 통해 학생이나 교사가 미처 발견하지 못한 재능을 살펴보는 것 역시 중요합니다. 그렇지만 그 모든 것에 앞서 가장 중요한 것은 역시 교사가 아이를 바라볼 때 가능성과 그 미래를 열어 두는 것입니다.

다음은 탐색의 단계입니다. 직업과 정보를 탐색해보는 것입니다. 어떤 직업이 있는지 직업의 세계를 다양하게 살펴보는 것이 중요한 것은 학생들은 자신이 경험하고 자주 볼 수 있는 직업을 더욱 선호하기 때문입니다.

가까이서 살펴봐도 의사 집안에서 의사가 많이 나고, 변호사 집안에서 변호사가 많이 나고, 교사 집안에서는 교사가 납니다.

사실 이것은 팥 심은 데 팥 나는 것과 같은 것입니다. 학생에게 사회적 자본으로 작용하는 가정의 분위기와 대화의 주제와 같은 무형적인 유산들이 부모를 통해 자녀로 전달이 되고 이것이 학생들이 성장하는 과정에서 무의식적으로 선택의 역할을 해주는 것입니다. 의도적이든 그렇지 않든 의사의 눈으로 세상을 보고, 변호사의 눈으로 세상을 보는 것을 부모가 자녀에게 가르쳐주는 것입니다. 그렇지만 만약 이 부분을 학부모가 열심히 제공해주지 못하는 경우라면 교사의 역할이 매우 중요할 것입니다.

학생들이 몰라서 선택을 못 하는 경우가 없도록 학교와 교사가 이런 부분을 제도적으로 지원할 수 있어야 합니다. 지역 사회가 인프라를 구축하여 학교와 연계하여 학생들에게 문을 열고 직업을 체험해보고 탐색해보게 하는 경험을 제공할 수 있어야 합니다. 적어도 미래에는 '몰라서 못 했어'라는 말이 학생의 입에서 나오는 일은 없어야 할 것입니다.

창조적인 일을 좋아하는 아이가 같은 일을 계속해서 반복하는 직업을 선택하게 되면 자신의 일에 불만족해합니다. 다른 사람 앞에서 이야기하는 것이 쑥스러운 아이가 낯선 사람을 계속 만나는 일을 하면 이 역시 힘든 일입니다. 그러나 현실적으로 자신이 하고 싶은 일을 제대로 선택하는 경우는 앞의 Part 1에서 이야기하듯이 채 반이 되지 않습니다.

어떤 학과, 어떤 직업이 있는지 학생들이 정확하게 알고, 어떤 직업이 무슨 일을 하는지 폭넓게 알고 있어야만 이런 부분들이 해결될 수 있습니다. 무엇보다 자신이 좋아하는 일과 잘 하는 것이 무엇인지 아는 것이야말로 절대적으로 중요한 문제입니다. 특히 본인을 창조적인 사람이다, 혹은 친화적인 사람이다, 자연을 관찰하는 것을 좋아하는 사람이다 같은 몇 가지 유형으로만 한정하여 생각하지 말고 오랜 시간 관심을 갖고 찾아보고 고민하는 시간을 가져야 합니다.

교실에 여러 명의 아이가 있지만 아이들마다 성향이 다르고 잘하는 것이 제각각입니다. 아이들에게 말해주라고 한다면…… 하고 생각해봅니다.

말하는 것을 유난히 좋아하고 남과 어울려 놀기 좋아하는 우진이는 쇼호스트, 세일즈맨, 부동산 중개인, 고객상담원, 외교관, 통역사, 아나운서, 번역가, 연예인 매니저, 웨딩컨설턴트 등의 직업을 추천하고 싶습니다.

상상력이 좋고 창조적인 일을 즐겨하는 경희는 작가, 만화가, 이름을 짓는 네이미스트, 패션디자이너, 주얼리 디자이너, 네일아티스트, 무대 기획가, 패션쇼 기획자, 영화배우, 요리사, 푸드스타일리스트가 적성에 맞을 것입니다.

성실하고 계획을 잘 지키면서 자기 관리에 철저한 진우는 공무원, 판사, 행정가, 통계 분석가, 금융원, 펀드 매니저, 경영컨설턴트 등의 일이 적합합니다.

수리 능력이 우수하고 논리적이고 분석적인 일에 능숙한 지은이는 통계조사원, 경영컨설턴트, 펀드매니저, 통계분석가, 금융원 등이 어울립니다.

신체 운동능력이 우수하고 몸으로 표현하는 일을 잘 하는 윤희는 운동선수, 스턴트맨, 무용가, 레크리에이션 강사, 소방관, 경호원, 경찰 등의 일이 맞을 것입니다.

자연을 사랑하고 환경 보호에 관심이 많고 유난히 동물이나 곤충을 좋아하는 한비는 동물사육사, 애견관리사, 곤충학자, 수의사 등의 일에 관심이 많습니다.

다른 사람 돕기를 좋아하고 남을 배려하고 봉사하는 것을 유난히 좋아하는 지훈이는 사회복지사, 간병인, 요양관리사, 노인복지사, 호텔리어, 종교인 등의 일을 하고 싶어 합니다.

손재주가 유난히 좋고 손으로 만드는 것이라면 다 좋아하는 현중이는 엔지니어, 안경관리사, 전자·전기기술자, 자동차 정비 및 관리사 등의 일에 어울립니다.

가끔 어느 한 가지 재주를 꼽으라고 하기 어려울 정도로 다 잘 하는 아이도 봅니다. 봄이가 그런 경우입니다. 운동도 잘하고, 그림도 잘 그리고, 손재주도 좋고 공부도 잘하는 아이 봄이는 스티브 잡스처럼 융합적 사고를 기반으로 하는 그래픽 전문가, 일 콘텐츠 개발 전문가, 웹 개발자, 소프트웨어 개발자처럼 IT전문가로 자라면 좋을 것 같습니다.

이것은 극히 일부분이지만 학생들에게 직업과 적성을 소개해주고 체험해볼 수 있도록 학교에서 적극적으로 지역사회와 손잡고 지원해주었으면 좋겠습니다.

독일의 '헬레네 랑에'는 학교 혁신의 모델로 독일은 물론이고 세계적으로 유명한 학교입니다. 헬레네 랑에는 프로젝트형 수업을 하기 위해 교육과정을 재구성할 뿐 아니라 자유롭고 자율적인 분위기로 유명합니다. 특히 헬레네 랑에에서는 유치원 인턴십, 사회 봉사 인턴십 등의 과정이 있는데, 이 기간 동안 학생들은 지역 사회에서 사회봉사를 하고, 유치원에서 수업하는 것을 실습하는 등의 과정을 경험해보게 한다고 합니다. 헬레네 랑에 학생들 누구나 거치는 과정이므로, 이런 과정을 통해 학생들은 자신의 적성을 찾는 것은 물론이고, 실제 사회를 경험해보면서 남을 돕는 기쁨을 배우고, 일을 통해 긍정적인 자아의식을 갖게 됩니다.

우리도 지역 사회와 함께 학생들이 직업을 체험해보고, 자신이 흥미 있는 '일'을 실습해보는 경험을 가질 수 있다면 좋겠습니다. 그렇게 되기 위해서는 무엇보다 학생들이 다양한 진로를 고민해보고, 탐색하는 시간이 반드시 필요할 것이며, 특히 학교와 유관 기관의 연계가 선행되어야 할 것입니다.

03

10 : 10년의 노력이 삶을 결정한다

프로 vs 아마추어

피아노를 좋아하는 아이가 진로를 피아니스트로 결정하는 경우를 거의 본 적이 없습니다. 어릴 때는 취미로 누구나 다 치는 피아노지만 그것이 취미가 아니라 진로가 될 때는 학부모들이 오히려 "선생님이 좀 말려주세요"라고 말하곤 합니다. 말려달라는 학부모의 부탁과 더 하고 싶어 하는 아이들의 간절함 사이에서 고민하다가 결국은 아이들 편에서 학부모에게 아이가 하고 싶어 하는 것을 하게 해주세요, 말해왔습니다.

아이들이 '공부'를 하고 싶어 할 때도 학부모들이 이렇게 말리고 싶어 할까, 가끔 생각해봅니다. 아마도 아닐 것이라는 것에 우리 모두 동의할 것입니다. 아이들이 하고 싶어 하는 것이 이를테면, 축구나 미술, 바이올린이나 피아노 같은 주지 교과 이외의 것일 때 학부모들은 더 이상 아이들을 응원하는 것을 주저합니다. 왜냐하면 어른들은 아이들이 좋아하는 것과 '먹고 사는 일'은 차원이 다르다고 생각하며, 한편으로는 '공부'가 아니라고도 생각하기 때문입니다.

이 생각은 어느 부분 맞기도 하지만, 많은 부분 틀렸습니다. 우선은 아이들이 자라면서 보고 듣는 모든 것이 '공부'이며, 아이들은 잘 먹고 잘 살기 위해서만 인생을 사는 것이 아니기 때문입니다. 우리 아이들이 좋아하는 것을 포기하지 않고 삶을 살아갈 수 있도록 도와주어야 하지 않을까요? 모든 것을 '먹고 사는 문제'로만 치열하게 생각하여 꼭 '프로'가 되어야 한다고 고집할 것이 아니라, '아마추어'로서 좋아하는 일을 하면서 사는 것 역시 아름다운 일 아닐까요?

"원시(遠視) 눈을 가진 미국의 샤갈"이라고 불리는 화가가 있습니다.

해리 리버만(Harry Lieberman, 1880~1983), 그는 폴란드에서 태어났고, 청년 시절 미국으로 건너가 열심히 일하여 성공적인 은퇴를 합니다. 81세까지 노인요양원에서 편안하게 여생을 누리던 그에게 어느 날 자원봉사자가 그림 그려보기를 권유했다고 합니다.

"이 나이에 무슨 그림을……."

손을 내젓던 그는 그림에 점차 흥미를 보이고 마침내 많은 이들에게 영감을 주는 화가가 되었습니다. 101살에는 22번째 전시회를 가진 다음 이렇게 말했다고 합니다.

"여러분, 내가 몇 년이나 더 살 수 있을지 생각하지 말고, 내가 어떤 일을 더 할 수 있을지 생각해보세요. 무언가 할 일이 있는 것이 삶입니다."

아마도 지금의 우리 아이들이 자라서 어른이 될 때는 분명 처음의 한 직종을 평생의 업(業)으로 삼고 그것에만 평생을 몰두하며 살지는 않을 것입니다. 지금도 직업 이외의 다른 직업을 가진 Two-Job 인구가 갈수록 늘고 있습니다. 취업 포털 커리어가 직장인 741명을 대상으로 '투잡'에 대한 설문조사를 실시한 결과 전체 직장인의 12.3%가 현재 창업, 아르바이트를 포함한 부업을 가지고 있다고 밝혔습니다.

이들이 투잡을 하는 이유로 '카드 값 등 생활비가 부족해서'가 26.9%로 가장 많았고, '본업 연봉에 만족하지만 더 큰 여유를 갖고 싶어서'가 뒤를 이어 경제적 이유가 가장 큰 요인으로 나타났습니다. 또한 현재 하고 있지는 않지만 투잡을 계획 중에 있다는 직장인은 전체의 67.3%였습니다.

자신이 좋아하는 것을 하면서 여유로운 생활을 즐기기 위해 본업 외의 투잡, 쓰리잡을 하는 시대가 오고 있다는 뜻입니다. 학생들에게 좋아하는 것을 포기하도록 가르치지는 않았으면 좋겠습니다. 자신이 좋아하는 것, 즐기고 싶은 것, 하고 싶은 일을 하면서도 아름답게 삶을 살아갈 수 있다는 것을 가르쳐주고 보여주어야 한다고 생각합니다.

1만 시간의 법칙

한 가지 일을 탁월하게 잘 하려면 10년의 시간이 필요하다고 합니다. 이것은 흔히 '1만 시간의 법칙'이라고 불립니다. 말콤 글래드웰(Malcom Gladwell)은 《아웃라이어》에서 다니엘 레비틴 (Daniel Levitin) 박사의 '1만 시간의 법칙'을 여러 성공한 사람들의 공통적인 특성으로 이야기하였습니다. 덕분에 세상에 널리 알려지게 된 이 1만 시간의 법칙은 10년이란 긴 시간을 한 가지에 몰입해서 노력하다 보면 평범한 사람조차도 어느 한계를 넘어설 수 있다는 가능성을 이야기합니다.

레비틴 박사는 베를린 뮤직아카데미의 학생들을 대상으로 실험해서 8,000시간을 연습한 학생과 1만 시간을 연습한 학생의 실력차가 컸다는 연구결과를 발표했습니다. 이 연구결과의 핵심은 최소한 1만 시간은 연습해야 자신의 한계를 넘어선다는 것입니다. 하루에 세 시간씩으로 계산했을 때, 1년이면 약 천 시간이고, 꾸준히 포기하지 않고 10년 동안 노력하게 되면 1만 시간을 넘어서게 됩니다. 이는 물리적인 계산이 그러하다는 것으로 실제 10년 동안 한 가지 일에 이렇게 매진하기란 어떤 상황에서도 쉬운 일이 아닙니다.

그런데 꼭 10년을 이야기하지 않더라도 학생들을 가르쳤을 때 어느 순간 마치 폭발하듯이 실력이 느는 순간이 분명 있다는 것을 느꼈습니다. 지루하고 긴 시간 자신과의 싸움에서 이겨내야만 비로소 성취할 수 있다는 것을 저는 아이들을 통해서 수없이 배웠습니다.

수직적으로 상승하는 실력의 폭발이라는 것은 길고 지루한 반복과 연습 끝에 오는 것이기 때문에 그만큼 교사와 학생의 의지와 노력이 함께 있을 때에만 가능한 것이고, 이 시간을 버틸 수 있는 것은 사실 재능보다 의지였습니다.

특히 그 무엇보다 학습에 있어서는 기억력이 좋거나 두뇌회전이 빠르거나 하는 것보다 성실하게 얼마나 끝까지 노력하느냐의 차이였다는 것을 수도 없이 보았습니다. 그래서 평소에 학생들에게 공부는 도전하기에 가장 쉬운 것이라고 말합니다. 수학 5점 맞던 학생도 노력하면 90점 맞는다는 것을 봤고, 직접 그렇게 될 때까지 지도해보았기 때문입니다.

진로 교육에서 이 시간과 의지를 뛰어넘는 단 하나의 변수는 그 무엇도 아닌, 바로 '강력한 동기'입니다. 정말 키 작고 말라깽이에 볼품없어 보이던 학생이 끝까지 물고 늘어지는 끈기를 보였을 때 결코 못 넘을 거라고 생각했던 장대도 뛰어넘고, 꼭 해내야겠다가 마음먹은 순간 구구단도 제대로 못 외우던 학생이 수학문제도 척척 풀고, 수줍기만 하던 학생이 여러 장의 대사를 외워가며 연극 무대에서 재주를 뽐내는 것을 너무나 많이 봤기 때문입니다.

그래서 학생들에게 1만 시간의 법칙을 이야기할 때 가장 중요한 것은 그 정도의 시간과 노력을 투자하기 위해서는 그 무엇도 아니고, 바로 아주 강력하게 소망하는 목표가 있어야 하고, 그 동기가 내재적으로 움직이기 시작할 때에서야 비로소 꿈을 이룬다는 것을 알게 해야 합니다. 그렇지 않고서는 1만 시간을 버텨내는 학생은 어디에도 없을 것입니다.

물론 이왕이면 진로를 빨리 결정하고 자신의 재능을 꽃피우도록 노력하는 삶을 살면 더 좋을 것입니다. 그렇지만 꿈이 무엇인지 모르겠다는 학생, 꿈이 매번 바뀐다는 학생에 대해서도 관심을 갖고 주의 깊게 지켜봐야 합니다. 꿈이 자주 바뀌는 학생들은 그만큼 세상에 대해 호기심이 많다는 뜻입니다. 변수가 많은 아이들에게 지금 한 모습만 가지고 아이를 닦달하는 모습을 교사가 보여서는 안 될 것입니다.

또한 아이의 삶에서 1만 시간을 투자할 정도의 가치 있는 것을 찾아내는 것이 적성 검사나 심리검사 혹은 교사의 판단, 부모의 선택이 되어서는 안 된다고 생각합니다. 그것은 나의 삶이 아닌 다른 이의 대리 만족이 되는 삶입니다. 도움이 되고 조언을 할 수는 있겠지만 결국 가장 중요한 선택은 학생 본인의 것이어야 하고 그만큼의 고민을 할 수 있는 시간을 주고, 경험해보게 하는 것이야말로 미래의 진로 교육의 가장 중요한 본질이자 핵심일 것입니다.

[전략 4]

무엇이 성공인지 알게 하라

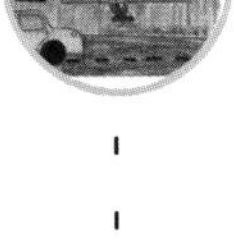

01

노블레스 오블리주, 그리고 선비의 삶

'꽃보다 남자'의 한 장면에 대한민국 상류층 1%에 속하는 구준표가 금잔디에게 이렇게 말합니다.

"우리 라면 먹으러 갈래?"

그러자 대한민국 99%에 속하는 평범한 소녀 금잔디가 대답합니다.

"저 골목 아래 편의점 앞에 있는 분식점 맛있더라. 거기 갈까?"

"야, 무슨 그런 데서 라면을 먹냐? 난 친구들이랑 라면 먹으러 일본 가자는 건데."

어이없어하는 금잔디의 모습에 오히려 구준표는 의외라는 듯 눈을 크게 뜨고 그런 거 처음 보냐고 되묻습니다.

많은 드라마에선 이런 식으로 재벌들의 모습이 과장되어 있지만, 대부분의 아이들에게 돈이 많다는 것은 이런 삶을 뜻합니다. 돈이 많으면 하고 싶은 모든 일을 할 수 있고 내 뜻대로 안 되는 사람 앞에서는 "얼마면

돼" 외칠 수 있는 것 말입니다.

그래서 우리는 대한민국 1%의 삶을 떠올릴 때 보통은 재벌 2세들의 사치스러운 생활과 평범한 일반인들을 하찮게 여기는 안하무인의 태도 등을 떠올립니다. 실제로 심심찮게 뉴스 기사에서 만나는 우리 사회의 재벌들은 국민에게 닮고 싶은 모델이 되어주지 않습니다. 얼마 전에는 기업은 수십 억 적자에 허덕이는데 기업 오너는 연봉을 수백억씩 받아 지탄의 대상이 된 경우도 있었습니다.

과연 아이들은 이런 대한민국 1%의 삶을 제대로 알고 있는 것일까요? 이제는 진로 교육의 올바른 방향 정립을 통해 아이들에게 잘못 심어진 부(副)와 명예에 대한 이미지를 바로 잡아줄 필요가 있다고 생각합니다.

그래서 부와 명예, 성공한 삶을 이야기할 때 노블레스 오블리주(noblesse oblige)[1]는 아이들과 같이 반드시 생각해보아야 할 말입니다. 이는 프랑스어로 '명예(Noblesse)만큼 의무(Oblige)를 다해야 한다'는 뜻으로 높은 사회적 신분에 상응하는 도덕적 의무를 일컫는 말입니다.

이 말은 초기 로마 시대에 왕과 귀족들이 보여준 투철한 도덕의식과 솔선수범하는 모습에서 비롯되었습니다. 초기 로마는 사회 고위층의 공공봉사, 기부, 헌납 같은 전통이 강하였습니다. 이것은 귀족들에게 의무이면서 동시에 명예로 받아들여졌기 때문에 경쟁적이면서도 자발적인 참여로 이루어졌습니다.

로마는 건국 초기에 정복 전쟁을 자주 하였기 때문에 이 노블레스 오블리주 전통은 귀족들이 직접 참전하는 것으로 이어졌고, 로마 건국 후

---

1) 노블레스 오블리주, 두산백과

500년 동안 원로원에서 귀족의 수가 약 1/15로 줄어들 정도로 전쟁에 참전한 많은 귀족들이 목숨을 바쳤습니다. 학자들은 이러한 로마가 쇠퇴하기 시작한 것은 제정(帝政) 이후 권력이 개인에게 집중되고 도덕의식이 해이해진 것으로 그 원인을 평가하고 있습니다.

비단 로마뿐 아니라 전쟁 같은 국난(國難)을 맞았을 때 국민을 통합하기 위해서는 지도층의 솔선하는 모습이 절대적으로 필요합니다. 세계 1차 대전과 2차 대전에서는 영국 고위층 자제가 다니던 이튼칼리지 출신 중 2,000명이 전사하였다고 합니다. 이때 영국의 앤드루 왕자는 전투헬기 조종사로 참전하였고 미국 대통령 아이젠하워의 아들도 육군 소령으로 참전했습니다. 나라의 질서와 안녕(安寧)을 지키는 힘은 지도층의 노블레스 오블리주 정신에서 비롯되는 것임을 알 수 있는 부분입니다.

그렇다면 우리 민족은 어떠했을까요?

가장 가까운 조선 왕조를 살펴보면 조선은 500년의 긴 시간 동안 '선비정신'을 바탕으로 인(仁)의 정치를 실현하는 것을 목표로 하였습니다. 조선시대에는 학(學)과 예(藝)가 일치하는 군자(君子)를 인간상의 실현으로 생각했기 때문에 왕은 인(仁)의 정치를 목표로 두었고, 백성들은 '염치'없는 것을 가장 부끄럽게 여기며 살았습니다.

선비는 군자의 모습을 삶으로 실현하기 위해서 노력하는 지식층을 일컫는 말이었습니다. 그래서 선비는 평생을 공부하고 배우며 시(詩), 서(書), 화(畵)를 교양으로 익히는 삶을 살았습니다. 그렇기 때문에 죽을지언정 그 뜻을 굽히지 않았고, 설사 상대가 왕이라 해도 틀린 말을 할 때는 그 앞에 엎드려 죽기를 각오하고 충언(忠言)을 하는 것이 선비의 도리라고 믿었습니다.

또한 청빈(淸貧)한 삶이 옳다고 믿었기 때문에 다 쓰러져 가는 초가집에 사는 것을 부끄럽게 생각하지 않았으며, 오히려 죽을 때까지 학문과 도리를 중시하는 명분이 삶의 가장 중요한 목표였고, 의리를 중요하게 생각하였기 때문에 일의 과정이 결과보다 더 가치 있었습니다.

그러나 현대에 와서는 대의나 명분보다는 개인의 이익이 중요해졌고, 이해타산을 따져 실리에 어긋나지 않는 것을 중요하게 여기게 되었습니다. 지나친 경쟁 주의와 치열한 이익 다툼을 벌이는 현대의 삶에서는 선비 정신이나 꼿꼿한 삶이 마치 우스개처럼 되었지만, 조선 시대의 상류 지식인층이 보여주었던 기개와 지조는 지금의 우리에게 많은 것을 생각해보게 합니다.

전통 사회에서 선비로 대표되는 우리 지식인들이 보여주었던 지조는 우리 학생들이 배워야 할 부분이고, 다시 재조명해야 할 우리의 민족정신이라고 생각합니다. 자신의 이익과 성공만을 최고의 가치로 생각하고, 사회와 국민의 복지에는 관심이 없는 상류층의 문제를 더 이상 방관하는 사회가 되어서도 안 된다고 생각합니다. 학생들이 그들 중 하나로 편입되는 것이 아니라, 그들이 주도가 되어서 올바른 사회의식을 갖고 민주 시민으로서 바르게 성장해갈 수 있도록 건강한 사회를 만들어야 합니다. 아마도 우리가 해야 할 진로 교육의 최종적인 목표는 바로 여기에 있을 것입니다.

논어 위정편에는

"견의불위(見義不爲) 무용야(無勇也)"

라고 했습니다. 옳은 것을 보고도 행하지 않는 것은 용기 있는 삶이 아니라는 뜻입니다. 나라에 위기가 닥칠 때마다 선비들이 몸소 의병이 되어 맞서 싸웠던 것이나 왕의 인간됨됨이를 가르치기 위해 제왕학(帝王學)을 공부하게 했던 것 모두 옳은 것, 바른 것에 대한 조상들의 고집스럽고도 용기 있는 면일 것입니다.

우리 학생들이 평생의 공부와 노력을 통해 궁극적으로 도달해야 하는 삶이란 것도 결국 선비의 삶, 그리고 노블레스 오블리주일 것입니다. 성공해서 대한민국 1%의 삶을 살아도 다른 사람을 짓밟고 그 위에 군림하듯이 살아가는 것은 성공이 아닙니다. 옳지 않은 것을 보고도 모른 척 눈감아주는 것 역시 성공이 아닙니다. 수없이 많은 국민들에게 피해를 줄 수 있는 개인 정보를 자신의 이익을 위해 팔아넘긴 이들을 보고 성공한 사람이라고 말할 사람은 아무도 없습니다. 그것은 옳은 일이 아니기 때문입니다.

선비들이 목에 칼이 들어와도 지조를 굽히지 않았듯이 옳은 것에 목소리를 낼 줄 알고, 바른 것을 보고 바른 것이라 말할 수 있는 사람이 되도록, 가진 것과 배운 것을 사회와 다른 사람을 위해 나누는 이들이 될 수 있도록 사회와 학교가, 그리고 선생님이 지도해주어야 합니다. 명예만큼 의무를 지킨다는 신념으로 삶을 살아가는 진정한 대한민국 1%가 될 수 있도록 아이들에게 우리가 먼저 모범을 보이고, 가르쳐주어야 할 것입니다.

02

가다가 멈추었다고 실패는 아니야

가끔 두뇌회전이 기가 막히게 빠른 아이들을 만날 때가 있습니다. 초등학교에서도 눈에 띄게 머리가 좋은 아이들이 있다는 뜻입니다. 경험적으로 백여 명에 한 명 정도 되는 이 아이들의 특징은 다른 아이들보다 몇 배 빠른 속도로 이해하고 생각하기 때문에 끝없이 어려운 질문을 해대고 그 질문에 대한 답을 날카롭게 논리적으로 되짚습니다.

이런 아이들과 질문을 주고받다 보면 무라카미 하루키가 《노르웨이 숲》에서 말했던 스포츠카를 타고 달리는 것 같은 교습이 어떤 것인지 이해할 것 같습니다. 사교육으로 단련되지 않고 '날 것' 그대로 봤을 때도 확연히 빠른 아이들, 이런 아이들은 한 마디로 영재인 것이지요.

카이스트에 진학하는 게 꿈이라고 한 제자가 있습니다. 과학고에 다니는 이 아이의 꿈은 조기 졸업하는 선배들처럼 고 2에 졸업하고 바로 카이스트에 들어가서 마음껏 공부해보는 것이라고 했습니다. 얼마 전에 만났을 때 아이는 짧은 인생이지만, 공부의 즐거움을 가르쳐준 과학고의 수업에 너무나 감사한다고 말했습니다. 키만 자란 것이 아니라 마음도 함께 자라준 아이에게 저 역시 감사했습니다.

카이스트, 지금 대한민국 최고의 대학 중 하나이며, 세계 대학 평가 19위를 차지하고 있는 훌륭한 학교입니다. 그런데 아이러니하게도 이렇게 우수한 학교로 꼽히는 카이스트에서는 많은 학생들이 성적을 비관하여 자살하였습니다. 이미 17년 전인 1997년에 한겨레신문에서 카이스트 학생과 교수의 자살에 대해 우려하는 기사를 실은 바 있습니다. 또한 2011년에는 4명의 학생이 연이어 자살하는 일이 벌어져 많은 언론의 집중 취재 대상이 되기도 했습니다.

안타깝게도 이 학생들의 자살 원인은 대부분 성적 비관이었습니다. 수재 혹은 영재 소리만 듣고 자라던 학생들이 우수한 학생들만 모인 집단에서 혼자만 뒤떨어진다는 상대적 박탈감과 억압에서 헤어 나오지 못하고 자살이라는 극단적인 선택을 하고 만 것입니다.

이 사태는 언론에서 밝힌 것처럼 상대평가를 적용하고 성적이 떨어지는 학생에게는 등록금을 차등 적용하는 등의 정책을 폈던 대학 당국이 그 책임이 가장 큽니다. 학생을 믿고 지도한다면 그런 정책을 선택하면 안 되기 때문입니다. 학생을 믿고 신뢰한다는 것은 말 그대로 학생의 창조적인 발상, 혁신적인 생각과 도전, 실패와 좌절을 딛고 다시 일어서는 용기를 북돋워주는 것입니다. 그러나 그런 분위기가 아니라 '공부를 못하면 끝'이라고 느끼게 한 것이 가장 큰 문제였습니다.

우리는 학생들이 느낀 '끝'이 어딘가 살펴봐야 합니다. 왜 어떤 학생은 똑같은 상황에서 자살을 선택하고, 어떤 학생은 커피를 마시며 다시 책상에 앉는 것인가 하는 문제를 깊이 생각해봐야 한다는 뜻입니다.

우수한 학생이라는 소리를 들으면서 자라는 학생들마저 자칫 이렇게 위험한 선택을 할 수 있는 것은 그만큼 과정보다 결과를 중시하는 풍토, 노력보다 머리가 좋다는 것을 칭찬하는 분위기 때문입니다. 이러한 문제는 비범한 학생을 비롯하여 모든 학생들에게 해당되는 것입니다.

어려서부터 철저한 경쟁 속에서 자라는 대한민국 아이들은 언제나 위기의식과 경쟁심리, 패배하면 안 된다는 불안감이 마음 깊이 새겨져 있습니다. 이런 분위기에서 자라는 아이들은 도전하고 실패하는 것보다는 안정적으로 좋은 점수를 받는 것이 더 중요하다고 믿게 됩니다.

따라서 아이들은 경쟁에서 밀리면 '다' 끝나는 것이라고 생각하고 맙니다. 이번 시험에서'만' 성적이 안 나온 게 아니라 이번 시험이 '끝'이라고 믿고 마는 것입니다. 학생들이 느끼는 상대적 박탈감을 이겨내기 위해서는 결국 학생 스스로 주변의 상황에 대해서 유연하게 생각하는 사고방식이 가장 중요합니다. 어떤 집단과 어떤 사회에서도 즐겁고 기쁘게 도전하는 태도로 삶을 바라볼 수 있는 힘을 키워줄 수 있어야 한다는 뜻입니다.

학생들이 설사 인생에 있어 실패를 경험하는 순간이 오더라도 삶에서 낙관적인 태도를 끝까지 포기하지 않고 다음에 또 도전하고자 하는 마음을 갖게 할 수 있어야 합니다. 그리고 미래를 위해 플랜 B를 미리 준비해두는 계획적인 삶의 습관을 지도해줄 수 있어야 합니다.

일본의 유명한 시인이자 SGI회장인 이케다 다이사쿠는 이렇게 말했습니다.

"세계는 넓고 크다. 우주는 더욱 넓고 크다. 그런데 인간의 마음은 더더욱 넓고 크다. 그러니까 남이 무슨 말을 하더라도 '나는 반드시 길을 개척

할 수 있다'고 믿어야 한다. 용기를 내어 자신이 바뀌면 모든 것이 바뀐다."

자신의 마음을 바꾸지 않으면 달라지는 것은 아무것도 없습니다. 학생들에게 끈기 있게 도전하고 새롭게 창조하려는 혁신적인 마인드를 불러일으킬 수 있는 사회가 되어야 하고, 달리다가 잠시 멈춰 섰다고 해서 모든 것이 끝난 것은 아님을 어릴 때부터 아이들이 깨닫게 해주어야 합니다. 가다가 멈추어 자신을 돌아보는 시간, 그리고 그 속에서 의미를 찾아내는 힘을 아이들에게 가르쳐주시기 바랍니다.

4부

꿈의 길에서 만난 사람들

: 세상은 사람이 꿈을 꿀 때 바뀐다

01

전국을 누비는 전주 KBS 합창단 지휘자, 이소연 선생님

학생의 재주와 재능을 알아보는 건 교사에게 반드시 필요한 눈입니다. 좋은 재목(材木)을 찾아 좋은 곳에 쓸 줄 아는 장인(匠人)이 되는 것이 바로 우리 교사가 가는 길이기 때문입니다. 그리고 어쩌면 그것은 교사 자신이 그만한 능력을 키운 다음에야 비로소 보이는 것이기도 합니다.

몇 년 전 전주교육대학교군산부설초등학교에서 근무할 때 일입니다. 한 번은 늦은 오후에 음악실 앞을 지나는데, 창작동요제에서나 들을 법한 맑은 목소리로 노래를 부르는 아이가 있었습니다. 노래의 주인공이 누군지 너무나 궁금했습니다. 음악실 문을 열고 노래 부르는 아이가 누군지 확인하고는 그만 깜짝 놀라고 말았습니다. 제가 1년 전에 가르쳤던 제자였기 때문입니다.

발표할 때 유난히 맑고 낭랑하던 아이의 목소리를 훌륭한 노래로 갈고 닦아 준 이가 아이를 위한 피아노 반주에 몰입해있었습니다. 그의 얼굴이 참으로 빛나 보였습니다. 좋아하는 일을 하면서 열심히 사는 사람만이 갖는 빛이었습니다.

제가 아는 교사 중 전북에서 가장 바쁜 선생님을 꼽으라고 한다면 저는 두 번 생각하지 않고 이소연 선생님(38, 전북)을 꼽을 것입니다. 집에선 어린 두 아이의 엄마이고, 셀 수 없이 많은 동요를 지도해온 선생님이며, 학교에선 16년차 베테랑 교사이고, 2003년부터는 11년째 KBS전주어린이합창단을 지휘해오고 있습니다. 전국이 활동 무대인 이소연 선생님이 지도하는 학생은 한 해에 천 여 명에 이릅니다.

사실 음악을 좋아하는 선생님이라고 해도 음악을 어떻게 가르쳐야 하는지를 정확하게 아는 선생님은 많지 않습니다. 음악 교육만큼 학생들의 마음을 따뜻하게 만들어줄 수 있는 것은 없지만 막상 해보려고 하면 어렵고 하기 싫어지는 분야가 바로 음악 수업입니다.

전주교대군산부설초에서 같이 근무했을 때 이소연 선생님에게 언제가 가장 행복하냐고 물었던 적이 있습니다. 어린 아이 둘을 키우는 엄마니까 아이들이 재롱을 피울 때라고 대답할 줄 알았는데, 이소연 선생님은

"제가 지도한 아이들이 무대에 올라가서 노래 부르는 걸 볼 때요. 저는 그때가 가장 행복해요."

라고 주저 없이 말했습니다. 뱃속의 아이가 만삭이었을 때도 밤새워가며 합창단 아이들을 지도한 그 열정이 지도하는 아이들에게 고스란히 바쳐지는 것이리라 믿습니다. 각종 동요대회 및 음악제에서 상을 휩쓸고 수 없이 많은 지도교사 상을 받아도 그런 게 중요한 게 아니라 우리 아이들이 무대에서 노래하는 걸 보는 게 행복하다고 말하는 선생님, 이소연 선생님에게 꿈에 대해 물어보았습니다.

선생님의 어릴 적 꿈은 무엇이었나요?

초등학교 선생님이었어요. 부모님이 다 교사이셨고, 친척 중에도 교사가 많아 자연스레 교사의 꿈을 갖게 되었습니다. 그런데 어릴 때부터 노래 부르는 것을 좋아하고 악기를 좋아해서 고등학교 때는 음악을 전공하고 싶기도 했어요. 바이올린도 좋아하고 가야금도 좋아하고 무슨 악기든 한 번 배우면 깊이 빠져들었거든요. 그래서 진지하게 음악을 전공할까 말아야 할까 고민하던 때가 있었어요.

그때 음악을 전공하고 싶어 하는 저에게 부모님께서 교사도 여러 부류가 있고, 교사를 하면서도 얼마든지 좋아하는 음악을 포기하지 않아도 된다고 얘기해주셨어요. 고민이 심각하던 때에 그 말을 듣고는 다시 생각하게 됐죠. 아이들에게 음악을 잘 가르치는 교사가 되는 것도 좋을 것 같아서 결국 진로를 교사로 정하였습니다.

현재 선생님은 교사 이외의 어떤 일을 하고 계신가요?

KBS전주어린이합창단 지휘를 하고 있습니다. 동요는 아이들의 마음을 따뜻하게 해주고, 맑게 해줘요. 동요를 오랫동안 배우고 익히고 가르쳐온 저로서는 동요를 부르고 가르치는 게 가장 재밌고 즐거운 일이에요.

KBS 전주어린이 합창단에서 소리천사 중창단을 운영하고 있기도 해요. 전주서곡초등학교 근무 때는 소리물결 중창단을 창단해서 운영했고, 전주문학초등학교 근무 때는 소리향기 중창단을 창단해서 운영했고, 군산부설초등학교 근무 때는 푸른 소리 중창단을 운영하면서 많은 대회에서 상을 참 많이 받았어요.

수많은 학생들을 지도하는 게 힘들진 않은지 많은 사람들이 물어봐요. 그런데 저는 이런 일들이 힘들거나 고단하다기보다는 재밌어요. 그냥 재밌고 좋아서 하는 일이에요. 누가 시켜서 한 일이었으면 아마 오래전에 그만 두었을 거 같아요. 그렇지만 제가 하고 싶어 하고, 자신 있고 좋아하는 일이기 때문에 이렇게 즐기면서 하고 있다고 생각해요.

학교에선 바쁜 교사의 삶을 살면서 한편으로는 이런 일을 하시는 이유는 무엇인가요?

음, 솔직하게 말하면 어릴 적 꿈이 창작동요제 무대에 서보는 것이었어요. 어릴 적 MBC 창작동요제는 제 꿈의 무대였죠. 그런데 꿈만 가졌을 뿐이지 무대에 직접 서보지는 못했어요. 꼭 한 번 해보고 싶었었는데, 끝내 못 해보고 어른이 되고 말았네요.

그래서 교사가 되어서 어떻게 하면 저 무대에 내 제자를 세울 수 있을까에 집중하게 되어 자연스레 동요지도자의 길에 들어선 것 같습니다. 제가 지도하는 아이들이 창작동요제 무대에 서고 각종 유명한 동요제 대회에서 상을 받는 모습을 보면 마치 제 자신이 노래 부르고 있는 것처럼 짜릿하고 기뻐요. 어쩌면 가르치는 이로서 느낄 수 있는 최고의 희열을 저는 아이들에게 동요를 가르칠 때 느끼고 있는지도 모르겠어요.

선생님의 꿈을 이루어가는 동안 가장 힘든 점은 무엇인가요?

음악 하는 사람들끼리의 아집이나 학벌, 지연, 학연 같은 고리.

음악 하는 사람이라면 아마 어떤 것인지 아실 거라고 생각해요. 물론 모든 대회가 그런 것은 아니지만 아이들을 데리고 대회에 나가보면 어른들의 그런 튼튼한 학연, 지연 같은 고리들 때문에 실력으로 인정받지 못하는 경우가 있어요. 그럴 때면 상을 받은 아이들도 어른들로 인해 멍들 것이고, 정당한 실력을 가지고도 상을 못 받은 아이들도 멍이 들 것이다 그런 생각을 하게 돼요.

음악은 기록경기처럼 객관적으로 점수를 매길 수 없기 때문에 그때그때의 느낌이 다르죠. 심사하는 사람마다 주관이 다르기도 하고요. 하지만 아이들 자신만의 실력과 노력으로 심사받길 소망해요. 거기에 어른들의 개인적인 편견이나 주관이 개입되어서는 안 된다고 믿고 있고요.

선생님의 꿈의 길에서 만난 사람 중 가장 기억에 남는 사람은 누구인가요?

많은 사람들이 있지만 동요계의 거장 이수인 선생님이 가장 기억에 남아요. 이수인 선생님은 정말 아이들을 좋아하고 동요를 좋아하셔서 자택이 마치 동요하는 사람들의 사랑방 같아요. 댁을 방문하면 어떤 아이들이든지 선생님 앞에서 노래를 시켜보시는데, 노래를 주의 깊게 들으신 다음은 꼭 부드러운 심사평을 하시죠. 연세가 많으신데도 직접 반주를 해 주시거나 같이 노래 부르시는 모습이 참 보기 좋아요. 저도 그런 어른이 되고 싶어요.

선생님을 닮고 싶은 다른 선생님들에게 해주고 싶은 말씀이 있다면?

열정만큼 좋은 무기는 없는 것 같아요. 아무리 좋은 능력을 가지고 태어났어도 열정과 노력이 뒷받침되지 않는다면 아무 소용없으니까 말이에요.

선생님의 앞으로의 꿈은 어떤 것인가요?

아이들과 함께 노래 부르며 늙어가고 싶어요.

진로 교육을 하고 있는 전국의 많은 선생님들에게 어떤 이야기를 들려주고 싶으신가요?

자신이 가장 잘할 수 있는 분야를 찾아 그것의 전문가가 되라고 말하고 싶어요. 사실 저는 말이나 글 솜씨는 그다지 좋지 않아서 말이나 글로 뭘 하려면 난감하거든요. 그런데 동요를 가르치고 있으면 자신감이 생기고 너무 즐거워요.

그러한 즐거움이 저에게는 살아갈 수 있는 힘이 되고, 지쳐도 다시 일어날 수 있는 삶의 원동력이 되고, 아이들과 함께 즐거워할 수 있는 교사로서의 자존감을 높여주거든요. 좋아하는 일, 잘 할 수 있는 일을 찾아서 그것에 노력하다 보면 누구나 한 분야의 전문가가 될 수 있다고 전 믿어요.

02

착한 공부 '학습놀이터' 대표, 이성근 선생님을 만나다

2014년 1월 겨울이 한층 깊어질 때 서울에서 '학습놀이터'의 대표로 활동하고 있는 이성근 선생님(35, 인천)을 만났습니다. 2013년 여름, '세상을 바꾸는 시간 15분'에서 그가 설명하였던 '학습놀이터'는 매우 인상 깊었습니다. 그가 생각하는 것처럼 아이들이 공부를 놀이로 생각하는 세상, 누가 시켜서 하는 공부가 아니라 아이들 스스로 공부하고 싶어서 책을 펴는 세상이 온다면 얼마나 좋을까. 그의 꿈을 들어보고 싶었습니다.

2011년 그는 같은 학년 선생님들과 '학습 놀이터'를 구상하였고, 현재는 그 생각을 네이버 카페 회원 5만 명 이상 회원이 활동하는 온라인 학습커뮤니티 '학습놀이터'로 키워냈습니다. '학습놀이터'의 선생님들은 학생이 스스로 공부하는 습관을 갖는 것을 돕기 위해 각종 콘텐츠를 개발하고, 학생이 튜터가 되어 다른 학생을 가르치고 설명하는 기회를 갖게 하여 깊이 있게 공부할 수 있도록 지도합니다.

학습놀이터 선생님들은 주 1~2회 이상 인근 지역 도서관이나 지역 주민 센터에서 원하는 아이들을 대상으로 무료로 '학습놀이터' 오프라인 수업을 합니다. 누가 시켜서 하는 것이 아닌, 그저 그들 자신이 좋아서 하는 수업, 학교가 끝난 다음에도 모여서 같이 연구하고 더 공부하자, 말하는 그들, 그들이 꿈꾸는 세상은 아마도 꿈이 가득한 세상일 것입니다.

이성근 선생님은 매우 열정적인 교사였고, 꿈이 큰 사람이었습니다. 선생님들의 가슴에 열정을 불붙이기 위해서 그 어떤 노력이라도 할 준비가 되어 있는 그는 참으로 멋진 사람이었습니다. 이야기를 하면서 연수를 활성화해야 한다, 선생님들이 열정을 갖도록 도와야 한다, 그는 생각해온 많은 고민들을 쏟아냈습니다. 한 순간도 허투루 살지 않은 사람, 자기의 길이 옳다고 확신하는 이의 모습이었습니다.

이성근 선생님을 한 마디로 설명한다면 어떤 사람일까요?

열정이 있는 교사, 호기심이 많은 교사, 새로운 시도를 많이 했고 더불어 실패를 많이 한 교사, 좋은 교사가 되기 위해 많은 고민을 하는 교사

선생님의 어릴 적 꿈은 무엇이었나요?

초등학교 시절에는 국회의사당에서 태권V가 나온다는 친구들의 말을 믿고 태권V를 만드는 로봇과학자가 되고 싶기도 하였고 TV에 나오는 멋진 정치가가 되고도 싶었지만 오래가지 못하였고 위인전을 읽을 때마다 그 꿈은 항상 달라졌죠. 중학교 때는 당시 최고의 인기였던 모래시계를 보

면서 정의와 싸우는 멋진 검사가 되고 싶기도 했고요.

하지만 여전히 뭔가가 되어야 한다는 생각을 강하게 열망하지 않았던 것 같아요. 저를 아끼시던 고등학교 2학년 담임선생님과 진로에 대해서 상담하던 중 의대를 권하셨고 그때부터는 의사가 되는 것이 꿈이었습니다. 아이들을 좋아하였기에 소아과 의사가 되어 아픈 아이들에게 새 삶을 다시 꿈꾸게 해주고 싶어서 참 열심히 공부하였지만 연이은 수능 시험의 실패와 IMF로 힘들어진 집안 사정 등으로 의대의 꿈을 버리고 교대에 입학해야 했습니다. 교대에 입학한 후에도 한참동안 의사가 되고 싶다는 꿈을 버리지 못하고 학교생활을 하였으며, 그로 인하여 휴학도 하고 진로 때문에 많은 방황을 해야 했습니다.

선생님이 교사가 된 계기는 무엇이었나요?

초등학교 선생님이 되겠다는 생각은 단 한 번도 해보지 않았습니다. 수학을 워낙 좋아하였기에 고등학교에서 수학을 가르치는 선생님이 되겠다는 생각을 아주 잠깐 해본 적이 있지만 그것은 그저 생각이었을 뿐이고, 특히 초등학교 선생님이 되겠다는 생각은 단 0.1초도 해보지 않았습니다.

수능 시험에서 원하던 결과를 얻지 못해 한동안 어디를 가야하나 많은 고민을 했어요. 또 다시 대입을 준비할 수는 없었기에 어디든 입학을 해야만 했죠. 그 때 IMF로 인하여 안정적인 직업이 인기이고, 그로 인해 교대 인기가 매우 높아졌다는 이야기를 듣게 되었습니다. 교대에 다니고 있던 친구 덕분인지 교대가 낯설지는 않았습니다. 수능과 면접으로만 선발을 하는 특차전형으로 인천교대에 지원을 하게 되었고 어렵지 않게 합격할 수 있었습니다.

고등학교를 졸업할 때 좋았던 것 중에 하나가 음악, 미술을 배우지 않는다는 것일 정도로 음악, 미술 시간이 싫었습니다. 그래서 고등학교만 졸업하면 다시는 음악이나 미술을 배우지 않을 거라고 생각했는데 교대에서 고등학교와 거의 흡사한 시간표를 받게 되었고 그로 인하여 모든 수업을 듣기가 싫었습니다.

부모님에게 이야기도 하지 않은 채 1학년 2학기를 휴학하였고, 휴학을 하는 동안 아르바이트와 운동을 하면서 보냈습니다. 뒤늦게 휴학 사실을 집에서 알고 많이 놀라기도 하셨지요.

그리고 3학년 때 드디어 제 인생을 바꿀 운명적인 교생실습을 시작하게 되었습니다. 2학년 교실에 배치가 되었습니다. 그런데 교실에서 만난 아이들이 마냥 예뻤어요. 선생님, 선생님 하면서 따르는 것도 좋았고 순수한 모습과 밝은 웃음이 참 좋았습니다.

그때 문득 교사로서의 삶도 좋을 것 같다는 생각을 하게 되었고 그때부터 본격적으로 교사가 되겠다는 생각을 하였습니다. 고민해오던 의사의 삶은 아니지만 교사로서 아이들에게 뭔가 도움이 되고 싶다는 생각을 처음으로 하게 된 것이었습니다. 교사는 교사로 마음먹는 순간 태어난다는 말을 실감하는 순간이었지요.

선생님의 학습놀이터를 설명해주시겠어요?

현재 근무하고 있는 학교에서 만난 선생님들과 함께 '학원 없이 공부하는 습관, 학습놀이터'를 운영하고 있어요. 2011년 10월에 우연히 같은

학년 선생님들에게 학습놀이터와 비슷한 아이디어를 말씀드렸는데 좋다고 같이 해보자고 해서 2011년 11월에 만들게 되었고 만으로 2년 넘게 학습놀이터를 이끌고 있어요.

2014년 1월에는 학습놀이터가 지금보다 교육에 더 도움이 될 수 있는 방향(학놀movement)으로 이끌기 위해서 '학습놀이터 교육연구소'를 조직하였고 현재 학놀무브먼트의 대표로 활동하고 있습니다.

학습놀이터 교육연구소에서는 교사를 위한 연수와 학생들의 학습 능력 향상을 위한 '착한공부캠프'를 기획 및 운영하고 있으며, 학습놀이터 콘텐츠 개발과 학습놀이터의 발전 방향에 대하여 깊이 연구하고 있습니다.

학습놀이터를 운영하면서 다양한 분야의 사람들을 많이 만나게 되었고 그로 인하여 교육에 대해서 보다 깊이 고민을 할 수 있는 기회를 가지게 되었습니다. 이러한 기회는 저에게 큰 행운이었으며 이로 인하여 교사들의 열정을 다시 깨울 수 있는(ignite) 교사를 위한 행사도 기획(2014년 하반기 예정)하고 있습니다.

굳이 이런 일을 하시는 이유는 무엇인가요?

누가 시키거나 아니면 뭔가를 구체적으로 얻겠다는 생각이었다면 지금 하고 있는 '학습놀이터'의 일을 할 수 없었을 것입니다. 교육을 바꾸겠다는 원대하고 거창한 꿈보다는 힘들지만 아이들과 같이 한 걸음씩 나아가는 보람과 재미가 있습니다.

이 모든 일은 좋아서 스스로 하고 있는 일입니다. 사실 학습놀이터를 언제까지 운영을 할지, 또한 5년, 10년 후의 학습놀이터의 모습도 여전히 모르겠습니다. 하지만 지금 나는 지금 이 일을 매우 좋아하고 있으며 학습놀이터와 내 자신 역시 함께 성장하고 있다고 생각합니다. 처음 생각했던 초심을 지키면서 꾸준히 열심히 활동을 하고 싶습니다.

교사로서의 꿈을 이루어가는 동안 가장 힘든 점은 무엇인가요?

요즘 머릿속에서 깊이 고민하고 있는 것은 '언리더십(unleadership)'과 '무위(노자의 사상)'이며 '관료제'입니다. 더불어 교직 문화에 대해서도 많은 생각을 하고 있다. 지금의 교직 문화는 극히 '수동적'이며 이미 교직은 '관료화'가 되어있다고 생각합니다. 교육이라고 하는 본질적인 것보다는 행정적인 절차나 업무를 중요시 하게 되었습니다. 하지만 '수동적'이고 '관료적'인 교직문화로는 창의적인 인재를 길러낼 수 없어요. 창의적인 인재를 기르려고 정부에서는 많은 노력을 하고 있지만 가장 기본적이며 중요한 것을 놓치고 있다고 생각합니다.

창의적인 인재를 기르는 것은 교직문화가 창의적이면 된다고 생각해요. 지금과 같이 '수동적'이고 '관료화'된 교직문화로는 그 어떤 정책도 큰 힘을 발휘하지 못할 것이라는 생각을 해요. '승진점수'와 '줄 세우기', '경쟁'으로 일관되는 교직문화로는 교육에 짙은 어둠이 계속될 것이라는 생각을 해봅니다.

교육의 방향을 설정하고 모든 교사를 그 방향으로 이끄는 것은 산업화 시대나 경제 개발을 위한 시기에는 효율적이었을지 모르나, 우리나라는 이미 그런 시대를 지났으며 교사들의 새롭고 다양한 시도를 보다 체계적으로 지원을 해주는 것으로 방향을 바꾸는 것이 좋다고 생각합니다.

선생님을 닮고 싶어 하는 다른 선생님들에게 해주고 싶은 말씀이 있다면?

교사는 행정업무나 전자문서를 다루는 사람이 아니라 학생들과 즐겁고 또 의미 있는 교육을 하는 교사라는 사실을 잊지 말아 달라는 것입니다. 현실적으로 행정적인 업무를 하지 않을 수 없지만 그 일을 잘하지 못한다고 내가 능력이 없거나 힘들어하지 않으셨으면 합니다.

우리는 교사로서 해야 하는 행정적인 업무를 한 번도 제대로 배운 적이 없으며 심지어 임용교사에서도 행정에 대한 부분조차 다루지 않습니다. 이는 곧 교사가 되는 데에는 행정적인 업무 처리와는 상관없이 교사로서의 기본적인 '가르치기'에 초점이 있다는 뜻이므로 우리는 학생을 가르치는 교사라는 사실을 잊지 않으셨으면 해요.

하나 더 이야기를 하면 교사로서 내가 왜 존재하는지 항상 고민하였으면 좋겠습니다. 자기 자신만의 교육철학이 있으면 좋겠고 그것을 혼자만 생각하지 말고 주위의 선생님들과 이야기하면서 생각을 가다듬었으면 합니다. 마지막으로 내가 하고 있는 것을 남과 비교해서 '못한다.', '부족하다'라는 생각을 하지 말고 한국의 교사는 세계 최고라는 자신감을 가지라고 말씀드리고 싶습니다.

앞으로의 꿈은 어떤 것인가요?

얼마 전에 '10년 후의 나의 모습'을 구체적으로 생각해 보았고 그 내용을 꼼꼼하게 정리하였습니다. 그때 가장 먼저 생각나는 것이 '존경받고 사랑받는 남편과 아빠'가 되는 것이었습니다. (웃음) 아마도 이런 것을 제대로 해내지 못하는 사람이라면 다른 그 어떤 것도 할 수 없겠지요. 지금 미혼인 저에게는 세상에서 가장 어려운 일이고, 동시에 가장 해보고 싶은 일이기도 합니다. (다시 웃음)

조금 더 욕심을 낸다면 학습놀이터가 좀 더 많은 사람들에게 알려져 도움이 되었으면 좋겠습니다. 학습놀이터가 사람들에게 알려지고, 함께 할 때에서야 비로소 그것이 힘이 되고, 물결이 되니까요. 학습놀이터를 시작으로 아이들의 생각하는 힘이 자라고, 공부하는 습관이 잡히고, 공부를 즐거워하게 되리라 믿고 있어요. 선생님들의 가슴에 열정과 불을 지필 수 있도록 노력할 거예요. 그러기 위해서 많은 것을 고민하고 있어요.

앞으로 선생님들이 함께 모여 즐겁게 웃고 떠들고 경험을 공유하는 전국 단위의 교사 컨퍼런스(페스티벌)의 기획자가 되고 싶기도 하고 선생님들에게 도움이 되는 연수 큐레이터로서도 활동을 하고 싶습니다.

03

아이들이 웃을 때 행복해요 : 마술사 김택수 선생님

2014년 새해가 밝은지 얼마 되지 않았을 때였습니다. 김택수 선생님(37, 인천)을 만나러 전북 교원연수원에 갔습니다. 추운 날씨에도 전북 지역 많은 선생님들이 1급 정교사 자격 연수, 각종 직무 연수, 수업 방법 개선 연수 등 다양한 연수를 듣고 있었는데, 김택수 선생님은 1급 정교사 자격 연수 강사로 전북에 오신 참이었습니다.

약속 시간보다 일찍 도착한 덕에 강의실 밖에서 한 시간 가까이 기다려야 했습니다. 쉬는 시간인데도 끝없이 새어 나오는 웃음소리에 무슨 이야기를 그렇게 재미있게 하나 궁금해서 강의실 문에 귀를 대고 한참을 들어 볼 정도였습니다. 저렇게 재미있게 강의하는 사람은 도대체 어떤 사람일까 더 궁금해졌습니다.

강의실 밖으로 나온 김택수 선생님은 마치 얼굴에 불이라도 켜놓은 것처럼 밝고 환한 얼굴에 높고 카랑카랑한 목소리, 끝없이 얼굴 가득 웃음 띠고 이야기하는 모습이 마치 천진한 개구쟁이 같았습니다. 이야기한 지 얼마 되지 않았을 때 벌써 이 사람은 참 재미있는 사람이구나 하는 생각이 저절로 들었습니다.

교육에 마술을 접목시키는 작업을 논문으로 쓸 계획이라고 말하는 그의 모습에서 자신이 하고 있는 일에 대한 확신이 느껴졌습니다. 이야기를 나누면서 수업에 마술이 적절하게 응용된다면 정말 재미있겠구나, 생각했습니다. 실제로 직접 그를 찾아와 수업을 코칭 받은 한 선생님은 동기유발 장면에서 그에게 배운 마술을 활용하여 수업연구대회 1등급을 받기도 했다고 합니다. 마술이 수업에서 어떻게 응용될 수 있는지 보여준 사례일 것입니다.

그는 주석에서 작은 상자 마술을 선보였습니다. 저는 유쾌하게 웃으면서 속아 넘어갈 수밖에 없었습니다. 이야기 전에는 사실 마술로 수업에서 무엇을 할 수 있을까 그다지 와 닿지 않고, 막연하게 재미있을 것이다 생각했는데 그와 직접 여러 가지 이야기들을 묻고 답하는 동안 마술이야말로 요즘 아이들의 꽁꽁 얼어있는 마음을 열고 들어갈 수 있는 도구가 될 것이란 생각을 하게 되었습니다.

뭔가 속임수가 있긴 한데, 아무리 봐도 알 수 없는 신비함이 마술이라면 김택수 선생님이야말로 마술 같은 "Magic Teacher"였습니다. 전국을 누비며 다양한 활동을 하고 있고, 온오프라인연수에서 최고의 인기 강사인 김택수 선생님과 꿈에 대해 이야기를 나누었습니다.

선생님의 어릴 적 꿈은 무엇이었나요?

지금 생각해 보면 크게 두 가지였던 거 같아요. 하나는 청소년 두뇌 개발에 힘쓰셨던 아버지 뒤를 이어 전국 오락실 협회 회장이 되는 것이었어요. (그는 오락실을 그렇게 설명했습니다.) 한창 게임에 심취해 있던 터라 가능한 꿈이라 여겼어요. 하하하 (웃음)

또 하나는 의사가 되어 가족들의 건강을 책임지고 싶었습니다. 넓게는 누군가에게 도움이 되는 존재, 필요한 존재가 되고 싶었어요. 아픈 사람들이 아프지 않고, 병에 걸린 사람이 병을 이겨 가족들의 품으로 건강하게 돌아가는 모습을 상상하는 것만으로도 좋았던 거 같아요.

선생님이 교사가 된 계기는 무엇이었나요?

어릴 적 어머니께서 농담처럼 말씀하셨어요. 키 작고, 못 생기고, 돈이 없으면 교사를 해야 한다고. 하하하. (말끝마다 웃음이 배어나는 그의 쾌활한 말에 덩달아 함께 웃었습니다.) 초등학교 교사로 재직하시다가 중학교 국어 선생님으로 퇴직하신 어머니 밑에서 자랐어요. 덕분에 교사라는 직업에 대해 자연스럽게 관심을 갖게 되었죠. 공부를 잘 하거나 해박한 지식이 많지는 않아도 알고 있는 지식을 쉽게 풀어서 설명하는 능력이 좋았습니다.

그러한 능력을 인정해주신 초등학교 5학년 때 담임선생님을 통해 저도 그때의 선생님처럼 아이들의 능력을 발견하고 인정해 주는 선생님 되고 싶다는 생각을 하게 되었어요.

현재 선생님은 교사로서의 삶 이외에 어떤 일을 하고 계십니까?

전국교사마술 동호회를 운영하고 있으며, 온라인 원격교육연수원 티처원과 아이스크림, 그리고 외교부산하 재외동포재단에서 선생님들을 대상으로 교육 마술 강의를 하고 있습니다.

학교에선 바쁜 교사의 삶을 살면서 한편으로는 이런 일을 하시는 이유는 무엇인가요?

좋아하니까요.

저는 마술을 통해 사람들이 즐거워하는 모습을 보면 저도 즐겁고 행복해요. 그리고 무엇보다 마술을 하고 있을 때 자신에 대한 만족감이 가장 커요. 사람은 자신이 좋아하는 것을 하고 있을 때 가장 행복하다고 합니다. 그런 의미에서 저는 아이들을 가르치는 일을 하면서 동시에 제가 가장 자신 있고 좋아하는 일인 마술을 활용하고 있으니 일석이조겠죠.

선생님의 꿈을 이루어가는 동안 가장 힘든 점은 무엇인가요?

내가 하고 있는 일에 대해 할 수 없다는 부정적인 생각과 나태한 모습.

선생님의 꿈의 길에서 만난 사람 중 가장 기억에 남는 사람은 누구인가요?

저에게는 좋은 선생님이 되는 길과 교육마술사가 되는 길 두 가지 길을 걸어온 것 같습니다. 그리고 저는 그 두 갈래의 길을 이제 하나로 만들어서 새로운 길을 걸어가고 있는 사람이기도 하죠.

그동안 교사가 되기 위한 길에서 가장 기억에 남는 사람이면 단연 교직에 몸 담으셨던 어머니였습니다. 인생의 선배로서 또 교육의 멘토이신 어머니가 계시지 않았다면 선생님이 되고자 하는 생각을 하지 못했을 것 같아요.

그리고 교육마술사가 되기 위해서 지내온 길에서는 한 사람을 꼽기가 어려워요. 마술 스승이신 바그다드 카페 마술사들과 마술인들, 그리고 그러한 마술을 통해 교육에 접목하고자 노력했던 교사마술동호회 선생님들이 가장 기억에 남습니다. 이들이 도움과 노력이 있었기에 지금의 제가 교육마술사로서 사람들과 소통할 수 있다고 생각합니다.

선생님을 닮고 싶어 하는 다른 선생님들에게 해주고 싶은 말씀이 있다면?

혹시 저를 닮고 싶어 하는 특이한 선생님들이 계시다면(^^;) 자신이 몰입하고 집중할 수 있는 일 또는 무언가를 찾았을 때 주저하지 말았으면 해요. 인생에 있어서 자신의 마음이 흔들리고 빼앗길 만큼 몰두할 만한 일들은 그리 많지 않기 때문이죠. 그런 일을 찾았다면, 지금 바로 시작해야 합니다. 이 글을 읽는 지금 이 순간부터.

선생님의 앞으로의 꿈은 어떤 것인가요?

꿈과 희망이 가득한 해리포터 학교를 만들고 싶습니다. 재밌지 않겠어요? 이야기 속에서나 볼 법한 상상과 판타지가 이루어지는 마법 학교가 현실에도 존재한다면 정말 신나겠죠. 요즘 아이들은 너무 일찍 어른이 되는 것 같아요. 아이들이 좀 더 길게 동심을 간직할 수 있다면 좋겠다는 생각을 가끔 했어요.

하지만 지금처럼 아이들이 빨리 어른이 되어버리면 세상은 너무 심심하고 지루할 거예요. 신기한 것도 없고, 신나는 것도 없고, 궁금한 것이나 알고 싶은 것도 없고 아, 세상은 이런 거야 미리 단정 짓고 딱 그 알고 있는 만큼만 세상을 살아가겠죠.

그 모습이 나쁘진 않겠지만 좋지도 않아요. 세상은 좀 더 어린이들의 상상력과 허황된 생각에 물들어 있을 필요가 있다고 봐요. 마술은 '꿈'이에요. '꿈'은 곧 가능성이죠. 세상은 '꿈'과 '가능성'으로 물들어 있을 때 가장 빛이 난다고 믿어요.

저는 아이들의 꿈을 키워나갈 수 있도록 '꿈의 학교'를 만들고 싶습니다. 앞으로 더 열심히 노력해서 이 '꿈의 학교, 마법학교'를 현실로 만들어 보려고 합니다.

선생님을 한 마디로 설명한다면 어떤 사람일까요?

마술처럼 행복한 수업을 꿈꾸는 매직티처!!

진로 교육을 하고 있는 전국의 많은 선생님들에게 어떤 이야기를 들려주고 싶으신가요?

첫째, 학생들에게 좋은 본이 되기. 모든 교육이 그러하겠지만 학생들에게 좋은 본보기가 되는 것만큼 좋은 교육은 없다고 생각해요. 선생님 스스로가 좋아하고 행복해 하는 일을 열심히, 그리고 즐겁게 하는 모습을 보여 주는 것이 진로 교육의 시작이 아닐까 생각합니다.

둘째, 아이들의 '천부(天賦)' 찾기. '천부'란 하늘이 내려준 재능이라는 뜻으로 아이들은 모두 각자의 '천부'를 지니고 태어납니다. 그러한 나만의 '천부'를 생각하고, 발견하고, 노력할 수 있도록 교사는 아이들을 관찰하고 아이들에게 다양한 경험을(직, 간접적인 경험) 해 볼 수 있도록 안내해야 할 것입니다.

셋째, 불필요한 '경쟁' 하지 않기. 남과 비교하며 경쟁에서 지지 않으려고 한다면 그것이 바로 헛수고이며 귀중한 시간과 돈을 낭비하는 어리석음이 됩니다. 그렇게 낭비된 기회는 그때가 지나가면 그만이고, 회복이 안 되는 상실이 되어버리고 말아요. 경쟁에서 이기기 위한 것이 아닌 나 스스로의 만족감과 행복감을 충족할 수 있는 마음가짐이 필요하다고 생각합니다.

진로 안내를 위한 교사의 자세와 마음가짐이 아이의 올바른 성장을 위해 매우 중요하다는 것을 새삼 강조하지 않을 수 없습니다. 아이들의 꿈을 위해, 가족의 행복한 삶을 위해 우리 모두가 노력하고 애쓴다면 분명 각자가 꿈꾸는 아름다운 나만의 꿈을 실현시킬 수 있을 것이라고 생각합니다.

04

심성놀이, 아이들의 마음을 흔들다 : 서준호 선생님

서준호 선생님(39, 광주)은 《마음 흔들기》 《두근두근 심성놀이》 책과 교육연극 관련 원격연수 등을 통해 많이 알려진 선생님입니다. 최근까지도 그는 심리 치료를 연구해왔으며, 심리치료와 사이코 드라마 등을 통해 교단에서 상처 받은 교사와 학생들의 마음을 어루만지기 위해 다양한 노력을 하고 있습니다.

얼마 전 그를 만나 인터뷰하는 자리에서 그는 제 LCSI 검사지를 해석해주었습니다. 인터뷰 전에 한 LCSI 검사를 했는데 심리치료사 자격증이 있는 그가 그 결과를 설명해준 것입니다. LCSI 검사는 주도형, 표출형, 분석형, 우호형 등으로 크게 분류하였을 때 어느 유형에 해당되는지 살펴볼 수 있으며, 자신의 강점이나 단점 등에 대해서도 알 수 있는 검사입니다. 한국형 검사의 표준이 될 수 있을 만큼 많은 데이터를 축적한 검사이므로 학생이나 교사가 검사해본다면 큰 도움이 될 것입니다.

자신이 가지고 있는 강점과 단점을 객관적으로 바라보는 것이 중요한 이유는 그만큼 자신을 객관화하는 것이 어렵기 때문입니다. 객관적인 눈으로 나 자신을 보게 되면 어떤 의미에서 이런 행동을 하는지 혹은 왜 마음의 상처가 떠나지 않는지도 알 수 있게 됩니다.

심리치료사 자격증이 있기 때문인지 서준호 선생님은 만난 자리에서도 제 마음을 들여다보는 것 같았습니다. 그는 학부모와 상담할 때도 여기까지는 그냥 교사로서 상담한 거고 원하신다면 더 깊은 심리 상담을 하겠다고 말한다고 합니다. 표출형끼리 이야기 나누었으므로 유쾌하고 기분 좋은 시간이었습니다. 연극이나 교육 심리에 관심이 많은 선생님들에게 서준호 선생님의 인터뷰는 어떤 길을 가야 할 지 생각해볼 수 있는 계기가 될 것이라고 생각합니다.

선생님의 어릴 적 꿈은 무엇이었나요?

꿈은 항상 변했습니다. 어렸을 때 학교에서 받았던 상과 선생님이 주신 피드백에 따라 조금씩 변한 기억이 납니다. 성악가를 꿈꾸기도 했고, 화가를 꿈꾸기도 했고, 선생님이 되고 싶은 적도 있었습니다.

특별히 교사가 된 계기가 있었나요?

어렸을 때부터 교육대학교 근처에서 살았습니다. 부설초등학교를 졸업했고, 재수를 끝내고 3수를 생각하던 무렵 잠시 대학생 경험을 하고 싶었습니다. 집에서도 가깝고, 익숙한 교육대를 치열한 경쟁(?)을 뚫고 입학하게 됐습니다. 그런데 제가 하고 싶었던 많은 것이 준비된(음악, 미술, 체육 등 다양한 실습과 활동) 교육과정과 동아리활동(악기, 노래, 연극 등)의 매력에 빠져 다른 대학에 대한 흥미를 잃음과 동시에 교육대학교 생활 속에서 즐거움과 카타르시스를 경험하게 됐습니다. 이런 과정 속에서 유쾌하면서 예체능을 남들보다 잘 가르칠 자신감이 생겼고, 선생님이 되는 것에 대한 목표가 자연스럽게 저에게 자리 잡게 됐습니다.

선생님은 지금 어떤 일을 하고 계시나요? 교사 이외의 다른 하고 계시는 일을 소개해주세요.

가장 크게는 심리치료사의 일을 하고 있습니다. 오랫동안 사이코드라마로 알려진 심리극 관련 대학원과 자격과정을 밟아왔고, 가족치료와 성격관련 자격과 다양한 임상 경험을 쌓아오고 있습니다. 이를 토대로 학생 내면의 슬픔과 좌절을 극복하게 하는 다양한 심리프로그램을 개발하고 있으며 상담과 치료를 병행하고 있습니다. 또한 학부모 개별상담과 집단상담을 통해 부모의 행복을 높여 자녀에게 긍정적인 영향을 미치도록 하는 일을 하고 있습니다.

무엇보다 가장 중요한 교사 심리치료 프로그램을 다양한 형태로 진행하고 있습니다. 교사의 성장과 양육과정 속에서 생긴 삶의 눈과 행복이 반 아이들에게 다양한 형태로 긍정, 부정적인 영향을 주고 있는 것을 발견하고 교사 내면에 힘과 긍정의 씨앗을 심어주는 일을 하고 있습니다.

또한 사진가로 살아오고 있습니다. 오랫동안 트레이닝을 받아왔고, 삶을 기록하고 다양한 관점으로 세상을 바라보며 학생과 학부모 사진아카

데미를 운영해 왔습니다. 그리고 작가로 활동을 시작했습니다. 심리치료와 학교 현장 내 실시한 다양한 실험과 경험을 토대로 책을 펴내는 활동이 앞으로도 계속될 예정입니다.

마지막으로 음악가이기도 합니다. 성악과 Flute를 전공했으며 경찰악대시절 등을 보내며 쌓은 노하우를 바탕으로 오케스트라를 조직하고 지휘자 활동을 오랫동안 했습니다. 현재는 계속해서 연주활동을 하고 있으며 다양한 악기를 배우는 일을 계속하고 있습니다.

심리 치료나 사이코드라마 같은 분야에 관심을 갖게 된 이유는 무엇인가요?

별다른 이유는 없습니다. 마음이 끌리기 때문에 하게 됐고, 가르치는 일과 관련된 활동이기도 하기 때문에 자연스럽게 교실 내에 자리 잡을 수 있게 됐습니다. 심리치료 관련 배움 속에서 자연스럽게 업무의 양을 조절할 수 있는 힘과 제 힘을 발휘할 수 있는 적당한 자리가 어디인지 알게 됐으며, 배우게 된 여러 예술치료, 심리극, 가족치료 기법 등을 도덕 수업과 계발활동 등 다양한 수업과 프로그램이 학생을 어떻게 성장시키는지 경험하면서, 그리고 힐링 캠프와 집단 상담을 통해 교사와 학부모가 전보다 행복해지는 것을 보고 그 행복이 자연스럽게 반 아이들과 자녀에게 전달되는 것을 보고 더 많은 배움과 현장 적용에 대한 필요성을 느끼게 됐습니다.

그 모든 것을 오랫동안 배운 사진관련 기술로 촬영하고 모든 기록을 남기고, 기록을 토대로 글을 쓰고 책으로 펴내고 있으며, 좀 더 몰입된 활동을 위해 음악적인 기술을 치료활동에 적용시키면서 깊은 체험과 결과를 내고 있습니다.

혹시 많이 바쁘진 않으세요?

(웃음) 네, 바쁘지 않아요. 사람들이 바쁘냐고 많이들 물어보는데 실세로 저는 방학에도 강의를 세 번 이상은 하지 않습니다. 가장 많은 시간을 나 자신과 가족에게 쓰고 있고 이것이 일과 이런 시간 사이의 균형을 잃지 않도록 조절하고 있습니다.

왜 학생이나 교사에게 심리치료가 필요하다고 생각하시나요?

교장으로 정년하시는 분들이 '그동안 바쁘게 살기만 했는데 나중에 돌아보니 가족들에게 미안하다'는 이야기를 하는 것을 들었습니다. 이런 분들의 자녀는 바쁜 아버지의 등만 보고 자랐겠죠. 시간이 지나 어른이 된 다음에는 가슴에 그런 상처가 있다는 것을 모르고 살아가다가 어느 순간 터져 나올 것이고요. 이 부분에 포커스를 두고 오랜 기간 생각해왔습니다.

또 워크숍이나 연수 등을 통해서 수없이 많은 선생님들을 접하면서 실제 교사 자신이 가지고 있는 내면의 상처도 많다는 것을 알게 되었어요. 선생님들이 가지고 있는 내면의 상처를 보듬어주고 치료해주는 일에 도움이 되고 싶다고 늘 생각하고 있습니다.

선생님의 꿈의 길에서 만난 사람 중 가장 기억에 남는 사람은 누구인가요?

박희석 교수님(마음숲심리상담센터 소장, 조선대학교 겸임교수)입니다. 다양한 TV프로그램 속에서 심리치료 과정으로 개인의 행복의 중요성을 가슴 깊게 느끼게 해 주고 있으며, 다양한 교육활동으로 많은 제자를 키우고 있으며, 심리치료와 상담을 통해 심리적 어려움을 지닌 많은 사람들에게 행복을 만들어 주고 있는 것을 오랫동안 가까이에서 보고 있습니다. 먼 미래에 심리치료와 가르침을 함께 할 수 있는 시스템에 대한 모델링이라 할 수 있겠습니다.

선생님 자신도 이런 부분을 많이 경험하셨을 텐데, 선생님에게는 어떤 도움이 되셨는지 이야기해주세요.

나 자신을 객관화하는 것의 가치를 알게 됐습니다. 자신을 객관화하게 되면 자신이 가지고 있는 상처가 어떤 것인지 알게 되고, 어떻게 접근하고 어떻게 녹아들게 되는지도 보게 돼요. 그런 의미에서 나 자신이 경험한 부분들을 다른 사람하고 나누고 싶어서 강의나 워크숍 등을 진행하고 있습니다.

선생님을 닮고 싶어 하는 다른 선생님들에게 해주고 싶은 말씀이 있다면?

배움과 실험과 기록은 매우 중요합니다. 현재의 배움이 부족하다고 생각될지 모르겠지만 종이를 한 장씩 쌓다 보면 나중에 아주 두꺼운 종이뭉치, 그리고 무게감이 느껴지게 되는 것처럼 오랫동안 공부를 계속하다 보면 그 분야의 전문가로 성장할 날이 있습니다.

그리고 배운 것을 학교 현장에서 잘 적용해보고 다양한 실험을 해 보십시오. 배운 것이 보다 더 깊게 이해되고 좀 더 깊은 공부를 하고 싶다는 마음이 들게 됩니다. 그리고 기록을 하면서 좀 더 정리하고, 그 기록을 바탕으로 많은 사람에게 알리고 관련 전문가와 만남을 만들어 보십시오.

선생님의 앞으로의 꿈은 어떤 것인가요?

제 꿈은 학교현장 속에서 심리치료를 병행하는 교사이자 치료사가 되는 것입니다. 이 활동을 바탕으로 선생님의 행복을 높이는 일에 더 집중하고 사회적 필요성이 대두가 되고 교육부 등에서 관련 기관을 만들게 되면 '교사심리치료센터'를 운영하는 센터장을 꿈꾸고 있습니다. 교사가 행복해야 반 아이들이 더욱 행복해진다는 관점과 반 아이들과 관련된 학부모의 내적 성장을 위한 다양한 교육현장, 사회적 관점의 일을 하고자 합니다.

진로 교육을 하고 있는 선생님들에게 어떤 이야기를 들려주고 싶으신가요?

교사의 삶의 경험과 교사 내면의 행복에 따라 '진로'에 대한 마음 쏠림이 생깁니다. 자신을 사랑할 줄 알고 자신의 미래를 희망적으로 꿈꾸는

사람은 학생들의 진로 교육 속에서 자연스럽게 희망과 두근거림을 선물할 수 있습니다. 하지만 자신에 대한 만족도가 낮으며 과거에 대한 기억이 그리 좋지 않으며 미래에 대한 비관적인 생각을 갖고 있는 교사는 학생의 꿈에 대해서 긍정적인 진로 교육이 불가능합니다. 진로 교육 전에 내 자신의 행복을 위해, 내 꿈을 위해 무엇을 하고 있는지를 먼저 살펴봐야 합니다. 내가 먹어본 맛있는 음식은 다른 사람에게 나누어 줄 수 있습니다. 먼저 교사가 꿈을 꿔야 합니다.

05

창의성 교육의 대가, 한성범 교감 선생님

우리 교실에서는 항상 수업의 마무리가 "□는 □다"로 끝나며, 한 주에 한 번씩은 창의일기로 이 "□는 □다" 일기를 쓰기도 합니다. 제가 아이들과 같이 하루에도 수차례씩 거듭해서 응용하는 이 두 줄 정리는 바로 광주에서 창의성 교육을 오랫동안 연구한 한성범 교감선생님(광주)이 계발하신 것입니다.

전국적으로 그가 계발한 칠판편지, 두 줄 정리 기법은 정말 많이 활용되고 있는 창의적 사고 기법이지만, 개발자가 누구인지 모르고 사용하는 선생님들이 많을 것입니다. 그는 이런 잘 알려진 창의적 사고 기법 모델을 개발한 것 이외에도 이십 년 넘게 창의성 교육을 위한 연구를 해왔습니다.

창의성 하나만 가지고도 이렇게 긴 시간을 투자한 그에게 쌓여있는 창의성 교육의 노하우는 전국 선생님들을 대상으로 하는 각종 강의를 통해 다시 현장으로 쏟아져 나오고 있습니다. 창의성 교육에 대해 수없이 많은 날을 공부하고 연구한 덕분에 그는 광주 지역 백여 명의 선생님들이 소속해 있는 '뇌 기반 교육 창의성교과연구회'의 리더이기도 합니다.

많은 선생님들이 연구회 활동을 하지만 십년 넘게 한 연구회 활동을 하는 것은 결코 쉬운 일이 아닙니다. 서로 다른 사람이 함께 하는 것은 생각처럼 간단한 일이 아니기 때문에 교사 연구회는 사실 회원을 모으는 것부터 일정을 조절하고, 만나서 같이 연구하고 머리를 맞대는 것만으로도 참 힘든 일입니다. 10년을 변함없이 한 연구회를 위해 노력하고, 끝내 최고가 될 때까지 키운다는 게 어떤 것일까, 리더로서의 그의 노고와 열정을 생각해봅니다.

뇌 교육에 대해서도 깊이 연구했기 때문에 그는 진로 교육에서도 학생들이 꿈을 갖는 것, 멘토를 정하고 닮고 싶어 하는 것, 되고 싶은 미래의 모습을 발표하는 것의 중요성을 일찍이 주장하였습니다. 아이들의 꿈과 미래를 키워주고 창의성을 기르기 위해 노력하는 것이 가장 큰 삶의 목표이고 비전인 그에게 꿈은 어떤 것일까요. 그에게 꿈에 대해 물었습니다.

선생님의 꿈이란 한 마디로 어떤 것인가요?

"나는 한국식 창의 DNA를 찾아간다."로 정리할 수 있겠네요.

창의성 교육을 하게 된 계기는 무엇이었나요?

1998년 어느 날 학교에서 공문을 하나 받았습니다. 6개월 동안 창의성교육 전문가 양성 과정을 모 대학에서 실시한다는 내용이었어요. 그

당시는 요즘처럼 '창의성'이라는 말은 흔하게 사용하지 않던 시대였습니다. '창의성'이라는 낱말은 일부회사에서나 교육학서적에서 찾아볼 수 있을 정도였죠.

'창의성교육 전문가 과정'은 현대창의성연구소 소장이 광주의 모대학에서 매주 토요일 2시부터 8시까지 진행이 되었습니다. 당시 그 모임에는 나를 포함한 교사, 교수 등 20여명이 함께하였어요. 그 과정의 주요 내용은 창의성의 이론들을 살펴보고, 주로 창의성 요소에 대한 활동, 발문을 어떻게 만들 것인가에 집중되었습니다.

이렇게 해서 나와 창의성의 만남은 시작되었죠. 창의성 전문가 과정이 끝나고 광주 2명, 전남 2명의 선생님이 매주 토요일 여관방에 모여 창의성 발문 만들기를 시작하게 되었습니다. 예를 들면 수학 수업에서 유창성을 신장시키기 위한 발문을 어떻게 할 것인가? 동기유발에서 호기심을 증가하기 위한 발문을 어떻게 할 것인가? 이런 내용들을 가지고 교과별로 창의성요소에 맞추어 발문 만들기 작업을 6개월 정도 실시했습니다.

'선생님, 아이디어가 참 좋아요.' 수업컨설팅이나 강의를 가면 이런 말을 자주 듣습니다. 아마 이 힘은 그때 창의성전문가 과정, 4분의 선생님과 여관에서 실시했던 발문 만들기가 아닐까 생각합니다.

선생님이 그동안 해 오신 일들을 간략하게 소개한다면 어떤 것이 있을까요?

그 이후 광주지역에 '어린이창의성개발연구회'를 만들고, 연구회 선생님들과 함께 교육부, 시도교육청의 교과연구회 활동을 지금까지 해오고 있습니다. 구체적으로 교육부, 광주시교육청의 지원을 받은 교과연구회 활동은 8회 정도 되었으며, 매년 우리의 생각을 모아 '우리는 창의성으로 간다 Ⅰ~Ⅵ'라는 장학자료를 발간했으며, 특히 2011년에 실시했던 창의인성교과연구회는 전국 최우수연구회로 선정되기도 하였습니다.

이러한 덕분으로 광주, 전남, 대전, 제주, 경남 등 여러 지역에서 창의성 강사로 활동하기도 하였습니다. 2012년엔 창의성을 보다 뇌 과학적으로 공부해보자는 취지로 우리 연구회 모임은 '어린이창의성개발연구회'에서 '뇌 기반 창의성연구회'로 명칭을 변경하였어요. 뇌 과학 발전으로 얻어진 지식을 창의성교육에 적극적으로 이용해보자는 의미입니다.

창의성 수업에 대해 많은 분들이 관심을 갖고 있습니다. 창의성 교육에 대해 갖고 있는 평소 생각은 어떤 것인가요?

그동안 '창의성'이라는 주제로 연구회 활동, 집필, 강의 등을 해오면서 여러 가지 아쉬움이 많습니다. 그 중에 가장 큰 아쉬움 중 하나는 '창의성'교육이 과거의 열린교육처럼 하나의 유행처럼 지난 간다는 사실입니다.

이러한 이유는 '창의성'이라는 낱말이 부모나 교사에게 있어 너무 추상적이고, 창의성교육에 대한 여러 방법들을 교실에서 적용해 보아도 아이들의 창의성이 나아진다는 믿음이 없기 때문이리라 생각합니다. 그런데 한편으로는 이것이 당연한 결과이기도 합니다. 일부 현장 선생님들은 간단하게 스캠퍼 같은 발상 기법을 수업에 도입하면 아이들의 창의성이 높아지리라 생각합니다. 하지만 아이들의 창의성이 그렇게 쉽게 높아질 수 있다면 지금 아이들은 모두 천재가 되어야 되지 않을까요?

창의성 교육이 쉽지 않다는 뜻인데요. 그렇다면 한국의 창의성 교육이 성공하기 위해서는 어떤 것이 필요할까요?

창의성교육이 성공을 거두기 위해서는 유태인의 교육 방법이 다른 나라들과 다르듯이 한국에서도 창의성교육의 방법이 우리 문화와 우리 정서에 맞는 방법으로 바꾸어져야 합니다. 지금까지 저 역시 서양의 여러 가지 창의성교육의 방법을 우리 학생들에게 적용해보려고 노력했습니다. 일부 성공도 했지만 보다 큰 효과를 내기 위해서는 한국 학생들의 정서에 맞는 창의성교육의 방법이어야 한다는 것입니다. 어찌 보면 세종대왕이나 다산이 공부했던 방법이 한국식 창의성교육의 방법은 아닐까요?

예를 들면 다산 정약용은 글을 읽으면서 좋은 내용을 옮겨 적어보는 '초서'를 강조했습니다. 좋은 내용을 옮겨 적으면서 감동을 받고 통찰을 얻는다는 것입니다. 실제로 다산은 이 초서의 방법을 활용하여 책을 수백 권 저술하였습니다. 짧은 시간 그렇게 많은 책을 쓸 수 있는 것은 모두 좋은 글만 이렇게 따로 모아둔 초서 덕분이라는 연구결과도 있습니다.

어떤 점에서 한국식 창의성 교육이 필요하다는 뜻인가요?

쉽게 예를 들자면, 요즘에도 많은 아이들은 명절이나 생일날 한복을 입습니다. 1년에 고작해야 한두 번 한복을 입지만 아이들을 싫지 않은 눈치입니다. 게다가 우리나라 아이들치고 한복이 안 어울리는 아이는 없어요. 어쩌면 우리 아이들에게 한복은 잘 맞고 어울리는 DNA가 있는 것이지요. 창의성교육의 방법도 우리 아이들에게 맞는 DNA가 있지 않을까요? 오늘도 한국식 창의 DNA를 찾기 위하여 세종을 읽고, 다산을 생각해봅니다. 몰입의 작가 황농문 교수는 '내가 하고 있는 일이 세상에서 가장 중요한 일이라고 생각될 때' 몰입은 시작된다고 하였습니다.

선생님의 앞으로의 꿈은 무엇인가요?

대한민국 교육에서 우리 아이들이 즐거워하는 창의성교육 방법 찾기보다 더 중요한 일은 없다고 생각합니다. 앞으로도 한국식 창의성교육의 DNA를 찾는 일을 계속해 나갈 것입니다.

06

그림 그리는 선생님, 참샘(CHAMSAM) 김차명 선생님

20년 쯤 전 일입니다. 교육 실습을 나가기 전 처음으로 사인을 만들었습니다. 먼저 실습을 다녀온 선배가 '그림 잘 그리면 애들이 좋아한다'는 말을 해줬기 때문에 밤이고 낮이고 연습했던 것이 바로 드래곤볼의 주인공인 어린 손오공을 이용한 깜찍한 사인이었습니다. 실습 첫날 아이들에게 해줬던 이 손오공 사인은 말 그대로 인기 폭발이었습니다. 쉬는 시간마다 몰려와서 사인해달라는 아이들 덕분에 마치 유명한 연예인이라도 된 것처럼 신났습니다.

그림 잘 그리는 선생님이 아이들에게 얼마나 인기 있는지 아마 교사라면 잘 알 것입니다. 아이들도 선생님이 수업 시간에 지루한 설명이 아니라 재미있게 그림을 그려가면서 이야기하는 것을 무척 좋아합니다. 공책을 정리할 때 마인드맵이나 비주얼씽킹(Visual-Thinking)처럼 그림을 활용하는 방법은 아이들이 가장 좋아하는 방법이기도 합니다.

아마 전국에서 가장 유명한 그림 그리는 선생님이라면 바로 참쌤, 김차명 선생님일 것입니다. 그가 그린 그림들은 교육기관의 프리젠테이션 디자인으로 쓰이고, 전국의 수없이 많은 선생님들이 수업 자료로 활용합니다. '교사 공감'이라는 웹툰을 그리기도 하고, 피피티 디자인을 하기도 하고, 모션 그래픽 영상을 만들기도 하고, 장애이해교육 애니메이션을 제작하기도 하는 등 그의 능력의 끝은 어디일까 궁금합니다.

그가 그리는 '교사 공감' 웹툰은 다른 선생님들이 보내주는 이야기로 만들어지기도 합니다. 그래서 교사라면 누구나 그의 웹툰에 공감할 수 밖에 없고, 저 역시도 그래서 참쌤의 열혈 팬일 수밖에 없는 것 같습니다. 2014년 '대한민국 1교시' 애니메이션 제작에 참여한 그의 노력 덕분에 우리는 '세모와 네모의 A, B, C, D 이야기'를 통해 장애 이해 교육을 어떻게 접근해야 할지 쉽게 이해할 수 있었습니다.

직접 그림 그려보지 않은 이들이 그림 한 컷 한 컷에 실려 있는 정성과 애정을 이해하는 것은 어려울 것입니다. 그러나 한 장의 그림은 수없이 많은 터치와 노력 끝에 만들어지는 것이기에 우리는 그의 그림에 때로는 감동하고, 때로는 감사하고, 또 때로는 웃음 짓게 됩니다.

그의 그림을 보고 있노라면 가슴이 따뜻해집니다. 이런 선생님과 같이 공부하는 아이들은 얼마나 행복할까요? 자신의 재능을 다른 이와 나누는 것이 행복하다고 말하는 그는 또 얼마나 가슴 따뜻한 사람일까요? 그림 그리는 선생님, 차명샘의 꿈에 대해 물었습니다.

선생님의 어릴 적 꿈은 무엇이었나요?

어릴 적 꿈은 아주 다양했습니다. 가장 되고 싶었던 것은 선생님이었지만, 만화가도 되고 싶었고, 이야기를 만들어 내는 사람도 되고 싶었고, 성직자도 되고 싶었고, 멋진 영상을 만들어내는 콘텐츠 제작자도 되고 싶었습니다. 지금 돌아보니 어릴 적 꿈을 다 이루고 있네요.

선생님이 교사가 된 계기는 무엇이었나요?

저는 어릴 때부터 공부보다는 다른 일에 몰두하곤 했습니다. 초등학교, 중학교 때는 공부하는 것보다 만화 그리는 것을 훨씬 좋아했습니다. 드래곤볼, 슬램덩크 등의 만화주인공들을 빈 연습장에 옮겨 그릴 때마다 연습장은 수학공식 대신 각종 만화주인공들로 가득 채워졌죠. 단순히 옮겨 그리는 작업이었지만 마치 만화가가 된 듯 시간 가는 줄 모르고 그림을 그렸습니다.

고등학교 때는 컴퓨터와 컴퓨터 게임에 빠져 살았습니다. 당시 대유행하던 스타크래프트는 24시간 잠을 자지 않고도 마우스를 놓지 못하게 할 만큼 매력적이었습니다. 하지만 누구나 그렇듯이 자유롭게 지내던 학창시절도 빠르게 지나가, 대학에 들어가야 할 시간이 왔죠. 저에겐 마치 심판의 시간처럼 느껴졌습니다. 학업을 게을리 했기 때문에 성적이 좋을 리가 없었습니다. 학창 시절 내내 빠져 지냈던 만화 그리는 것이나 컴퓨터 다루는 솜씨도 대학입시 앞에서는 무용지물이었습니다.

그 때 처음으로 꿈에 대해서 구체적으로 생각하게 되었고 오래 품어왔던 꿈 중에서 내가 가장 좋아하는 일, 사회에 가치 있는 일, 내가 잘 할 수 있는 일을 생각해봤습니다. 진로를 결정해야 할 시기가 되어서야 여러 가지 꿈 중에서 하나를 확실히 선택했다고 할까요? 선생님이 되고 싶었습니다. 막연하지만 아이들을 나만의 경험과 방법으로 즐겁게 가르치면 좋을 것 같았습니다.

선생님은 지금 교사로서의 삶 이외에 어떤 일을 하고 계십니까?

저를 처음 보는 사람들에게 저를 소개할 때 항상 '그림 그리는 선생님'이라고 합니다. 일반적으로 그림은 붓과 종이로 그리지만 저는 컴퓨터를 이용하여 그림을 그립니다. 주로 전국에 계신 선생님들의 일상적인 이야기를 웹툰으로 그려서 공유하거나, 그림으로 학습 자료를 만들거나, 애니메이션을 만들거나, 그림으로 수업을 하기 때문에 저를 '그림 그리는 선생님'이라고 소개합니다. 이 밖에도 각종 그림을 이용해서 좀 더 효과적으로 내용을 전달하는 모션 그래픽 디자인도 하고 있지요.

교사로서도 매우 바쁠 텐데요. 이런 일을 하시는 이유는 무엇인가요?

10분짜리 애니메이션 자료 한 편을 만들기 위해서는 아무리 빨리 제작한다고 해도 보름 이상의 시간이 걸려요. 어떤 사람들은 저에게 말합니다. 10분을 위해 보름 이상 시간을 투자하면 손해 보는 일이 아니냐고. 그렇지만 제가 만든 10분짜리 애니메이션을 전국의 천 명, 만 명의 선생님들이 사용하게 된다면 이야기는 달라집니다.

현대 사회는 텍스트(글)보다는 이미지의 시대입니다. 이미지는 글보다 담을 수 있는 정보량이 훨씬 많고 기억에도 오래 남습니다. 바쁜 와중에서도 계속해서 그림으로 된 수업자료를 만드는 이유는 그림을 이용하여 좀 더 많은 선생님들이 효과적으로 수업을 할 수 있도록 돕고 싶어서입니다.

선생님의 꿈을 이루어가는 동안 가장 힘든 점은 무엇인가요?

아무래도 시간이겠죠. 그림이나 애니메이션을 만드는 작업은 어찌 보면 참 고통스러운 시간입니다. 한 컷을 그리기 위해 몇 시간씩 그림을 그릴 때도 많습니다. 교사로서 기본적인 교육활동도 해야 하고, 가장으로서 집안일도 해야 하니 항상 시간에 쫓기게 되네요.

선생님의 꿈의 길에서 만난 사람 중 가장 기억에 남는 사람은 누구인가요?

중학교 3학년 때 선생님이 기억에 남습니다. 매일 그림만 그리고 공상에 빠져있던 저에게 좋은 선생님의 본보기가 되시고 할 수 있다는 자신감까지 열어주셨습니다.

선생님을 닮고 싶어 하는 다른 선생님들에게 해주고 싶은 말씀이 있다면?

교육 콘텐츠를 직접 만들기 시작하자, 저의 교육활동에도 많은 변화가 있었습니다. 제가 가르치는 학생들에게 각종 교육 콘텐츠를 단순히 내려받아 제공하던 식의 수동적인 교육활동에서 벗어나, 영상 및 교육콘텐츠를 직접 제작하여 저만의 교육방법을 구성하게 된 것입니다. 학생들의 반응도 달라졌습니다. 수업에 사용되는 콘텐츠에 자신들의 얼굴이 나오고, 자신들이 직접 참여한 산출물이 나오니 수업 참여도 역시 올라가게 되었습니다.

또한 개인 블로그를 개설하여 그동안 만들었던 교육 자료를 블로그에 탑재하였는데, 몇 개월이 지난 지금 전국의 초등학교 선생님들이 한 달에 수천 명씩 방문하는 교육 자료실이 되었습니다.

하루하루 무엇인가 고민하고, 만들고, 실행하면 반드시 바뀌는 것이 있습니다.

선생님의 앞으로의 꿈은 어떤 것인가요?

오늘도 아침 자습시간에 우리 반 학생들에게 말했습니다.

"꿈이 생기면 쉬지 않고 도전하게 될 거야!"

꿈이 생긴다는 것은 도전거리가 생긴다는 뜻입니다. 도전으로 인해 얻은 성취는 또 다른 도전으로 이어집니다. 지금 제 꿈은 첫째로 제가 가르치는 어린 학생들이 언제나 꿈을 갖고 도전할 수 있도록 꿈을 심어 주는 것이고, 둘째로 전국의 모든 선생님들이 자신의 교육철학이 담긴 교육콘텐츠를 쉽게 제작할 수 있도록 길을 열어주고, 그 자료들을 모두가 공유할 수 있도록 길을 닦아 놓는 것이 제 꿈입니다.

선생님을 한 마디로 설명한다면 어떤 사람일까요?

그림 그리는 선생님, 좀 더 자세히 표현한다면 선생님들과 학생들을 위한 그림 그리는 선생님입니다.

진로 교육을 하고 있는 전국의 많은 선생님들에게 어떤 이야기를 들려주고 싶으신가요?

학생들이 가진 가능성에 주목했으면 합니다. 교과서에 낙서만 하던 중학교 3학년짜리가 이렇게 어엿한 선생님이 되었듯이, 지금 지도하고 있는 아이들이 어떤 모습으로 나타날지는 누구도 모르니까요.

07

수석교사를 말하다 : 한국유·초등수석교사 대표, 한금식 선생님

지난 멘토링 시리즈에 여러 차례 등장했듯이 2013년 2월에 교육부와 한국과학창의재단이 선정하여 이탈리아, 영국, 프랑스 3개국의 초·중·고등학교와 대학교를 방문하고 직접 수업을 참관할 기회가 있었습니다. 2주 남짓한 연수 기간 동안 다른 나라 학생들의 수업을 직접 보고 듣는 것도 좋았지만, 연수에 참가한 모든 분들이 매우 훌륭한 분들이었기에 같이 있는 것만으로도 배울 것이 많은 시간이었습니다. 한금식 선생님과는 이 때 같은 분임으로 처음 만났습니다.

인상 좋은 아저씨처럼 보이던 그의 이력을 듣는 순간 같은 분임원 모두 깜짝 놀랐습니다. 당시 전국수석교사법제화위원회 부대표인 데다가 크고 작은 책을 70권 넘게 썼다는 것입니다. 그 바쁜 중에도 단 한 순간도 법전을 손에서 놓지 않고 공부한다는 이야기를 들으면서 저도 모르게 그의 얼굴을 빤히 들여다보았습니다. 오랜 경력과 연륜, 그리고 풍부한 경험에서 나오는 다양한 이야기들은 매일 밤 일행들을 귀 기울이게 했습니다. 특히 수석교사의 삶이 어떤 것인지 잘 몰랐던 젊은 교사들에게 많은 것을 가르쳐준 시간이었습니다.

얼마 전에 그는 한국유·초등수석교사회 대표가 되었다고 합니다. 현장에서 수석 교사는 수업컨설팅, 강의, 그리고 수업연구와 자신의 수업 공개 등을 통해 다른 교사들을 지원하고 컨설팅 합니다. 교사에서 행정 업무를 함께 맡아보는 교감을 거쳐 학교의 총괄 책임자인 교장으로 승진하는 일원화된 승진 제도만 있었던 것에서 행정업무를 제외하고 가까이서 교사들의 수업을 지원하고 컨설팅 하는 역할을 하도록 수석교사를 제도화시킨 것입니다.

피라미드형 승진제도 때문에 일선 교사들이 승진에 신경 쓰느라 아이들을 제대로 지도하지 않는다는 비판을 받고 있는 현실에서 수석 교사가 제 역할을 해준다면 오랜 관행과 병폐의 근본인 교사 승진제도의 하나의 대안이 될 수 있을 것입니다.

그러나 제도가 도입된 지 얼마 되지 않았고, 학교에서의 역할이 마땅치 않은 점이나 관리자와의 업무가 중복될 수 있다는 것 등 법적으로 수석교사가 제 자리를 찾기까지는 아직 많은 길을 가야 합니다. 대한민국 수석 교사들의 대표로서 이런 일을 가장 앞에서 주도하고 있는 그의 삶이란 얼마나 바쁘고 고단한 것일까 생각해봅니다.

한 달에도 수십 번씩 강의가 있고, 빼곡하게 수업컨설팅과 각종 회의 일정을 수행하는 그에게 꿈을 물어보았습니다. 경력 25년이 넘어서도록 고집스럽게 현장 교사로서 최선을 다해 살아온 베테랑 중견교사의 이야기이므로 많은 것을 돌아보게 합니다.

선생님의 어릴 적 꿈은 무엇이었나요?

검사가 되어서 억울하게 피해자를 구제하고 사회악을 뿌리 뽑는 일을 하고 싶었습니다.

선생님이 교사가 된 계기에 대해서 설명해주세요.

고2때, 전주에서 학교를 다니고 있었는데 광주민주화운동을 겪게 되었고, 가정형편 상 사관학교도 고려하였으나, 군에 대한 정서가 부정적이었으며 가정의 생계를 걱정하는 처지에 이르러 군 문제, 교직을 수행하면서 하고 싶은 공부를 할 수 있는 여건 마련을 위해 교육대학에 입학하였습니다.

현재 선생님은 어떤 일을 하고 계십니까?

현장을 지키는 교사로서 '수석교사'를 2008년도부터 하고 있으며 선생님들에게 수업컨설팅, 창의인성 및 STEAM교육에 대한 강의, 약 72권에 걸친 자료를 개발하여 선생님들의 교수활동에 도움을 주고 있습니다. 또한 한국유초등수석교사회 회장의 역할을 수행하고 있습니다.

한국 교육제도의 발전을 위해 수석교사제가 탄생하였으나 현장에서는 법 취지와 다르게 왜곡 운영되고 있어서 이 좋은 제도를 바르게 정착시켜서 학생이 행복하고 국민들이 만족감을 얻는 공교육이 되도록 하기 위해서 노력하고 있습니다.

선생님의 꿈을 이루어가는 동안 가장 힘든 점은 무엇인가요?

사회적인 교사에 대한 처우에 비해 교사에게 요구하는 일의 강도는 매우 높고, 권한은 별로 없는데 책임을 강조하는 교사의 근무환경 때문에 갈등을 많이 했습니다.

선생님의 꿈의 길에서 만난 사람 중 가장 기억에 남는 사람은 누구인가요?

초등학교 6학년 선생님의 모습이 가끔 떠오릅니다. 겨울 방학 때 쉬지 않고 저와 몇 명의 친구들을 불러서 공부에 대한 열정을 심어 주었습니다. 덕택에 공부의 즐거움을 깨닫게 되었으며 중학교, 고등학교에 성적장학생으로 입학하는 계기가 되었습니다.

선생님을 닮고 싶어 하는 다른 선생님들에게 해주고 싶은 말씀이 있다면?

저의 삶이 표본이 될 만한 삶인지는 의문이나 열심히 맡은 일에 최선을 다하다 보면 나의 가르침에 감화된 제자들에게 기억에 남는 선생님이 될 수 있다고 생각합니다. 실제 제자들이 20년, 25년 뒤에 찾아와서 감사의 인사를 드리는 것을 경험하였고 그것에 더 힘을 내어 현재의 학생들에게 좋은 교육을 하고자 의욕이 생깁니다.

선생님의 앞으로의 꿈은 어떤 것인가요?

대한민국 교육제도 발전에 크게 기여하는 역할을 하고 싶습니다.

선생님을 한 마디로 설명한다면 어떤 사람일까요?

최선을 다해서 일하고, 실력을 채우고, 당당하게 실천하는 사람이 되기 위해 노력하고 있습니다.

진로 교육을 하고 있는 전국의 많은 선생님들에게 어떤 이야기를 들려주고 싶으신가요?

교육은 이론도 중요하지만 실천이라고 생각합니다. 학생들이 20년, 30년 뒤에 찾아오는데 교실현장에서 가르치는 모습, 생활하는 모습에 감화를 받았다고 합니다. 학생들에게 보이는 실제 선생님의 생활모습이 최선의 교재라고 생각합니다.

즉 선생님이 열심히 공부하면 어느 날 교실분위기가 공부하는 분위기로 바뀌어져 있음을 경험하였습니다. 교육은 조급하게 결과를 보려고 하면 실망에 빠질 수도 있습니다. 선생님의 교육철학을 지속적으로 최선을 다해 실천하면 그 결과는 반드시 나타납니다.

08

책, 동시 그리고 상호문화교육 : 임미성 선생님

선생님은 우리를 주욱 둘러보신다
나는 침을 세 번 삼킨다 아무도 손을 들지 않자 손을 든다
옛날 토끼와 거북이가 살았어요 떨면서도 끝까지 줄거리를 외운다
종갓집 장손 터판 애기가 하필 딸이라던 천덕꾸러기가 나인 것도 잊은 4월이었다
담쑥 나를 안아 올린 선생님 얼굴에선 화장품 냄새가 난다
너는 선생님이 되어라 국어 선생님 아니지 넌 국어박사님이야
어떤 말은 귀를 뚫고 심장을 뚫고 인생을 관통하는 것이다
선생님 말소리가 가장 아름다운 소리여서
그때 막 피기 시작한 화단가 목련보다 더 흰 것이어서
유년의 4월 나는 이미 국어 선생님이다
공부를 더 하겠다고, 애들을 더 잘 가르치겠다고, 무엇을 더 해보겠다고

토끼처럼 달려만 오다 결국 거북이처럼 내 뒤를 따라오던 박정숙 선생님 때문에

그러므로 나는 거북이를 따라가는 토끼 같은 선생이어서

해마다 나는 4월이어서

교사가 된 계기를 이야기해달라고 하자 임미성 선생님이 써주신 시입니다. 이렇게 시인이 꿈인 선생님의 교실은 어떤 아침을 맞을까 궁금합니다. 저를 포함하여 전북에 있는 선생님 삼백 명이 매일 아침마다 임미성 선생님이 보내는 "오늘의 동시"를 선물 받습니다.

하루도 거르지 않고 보내오는 동시는 어느 날은 김용택, 서정주처럼 이름 있는 시인의 시이기도 하고, 어느 날은 이름 모를 시골 학교 아이의 동시이기도 하고, 가끔은 그가 직접 쓴 시로 그 순수하고 정겨움은 마치 아이들과 나누는 맛있는 아침 간식 같습니다. 진정으로 우리말과 글을 사랑하는 사람이 아니고서는 할 수 없는 일일 것입니다.

매일 이렇게 동시를 직접 찾아서 선생님들께 보내는 그의 정성은 국어교육, 동시 지도, 다문화 교육, 독서교육과 같은 우리말과 글과 관련된 다양한 분야에서 꽃을 피우고 있습니다. 사실 국어교육을 전공한 교사라면 보통 독서, 동시, 국어 수업 모두에 관심을 갖습니다. 그런데 국어를 깊이 공부한 이들 중에서 그의 노력이 특별히 눈에 띄는 것은 바로 이 국어교육에서 시작한 일이 새터민, 다문화교육센터의 한국어교육으로 연결되었기 때문입니다.

내가 아끼고 사랑하는 말과 글을 한국어가 미숙한 우리 사회의 소외된 이들에게 가르칠 수 있다면 그것보다 어려우면서도 가치 있는 일도 없

을 것입니다. 그래서 그가 시도하고 있는 상호문화 교육(그는 현재 혼혈이라는 의미로 받아들여지는 '다문화 교육'을 '상호문화교육'으로 바꾸기를 제안했다고 합니다)은 가장 실질적이면서도 실제에 접근한 형태의 것이라고 생각합니다.

글쓰기를 좋아하고 우리말과 글을 아끼는 작가로서, 그리고 후배 교사로서 저는 그를 좋아하고 존경합니다. 다문화교육에, 국어교육박사에, 각종 연수원 강의에, 많은 교재 개발과 동시 연구에, 아이를 키우는 엄마에, 몸이 열 개라도 모자랄 많은 일정을 소화해가며 열심히 살아가는 임미성 선생님의 꿈을 들어보았습니다.

선생님이 하고 계시는 일은 어떤 것인가요?

국어교육을 전공했고, 꾸준히 공부하고 있습니다. 교육부 교과용도서(2009개정 국어) 심의위원이며, 전북교육청 다문화교육정책자문위원으로 일하고 있습니다. 한국교육개발원 다문화 교재와 한국중소기업진흥청 새터민 교재를 개발했으며, 국어교육학회, 한국독서학회, 한국초등국어교육학회 등에서 활동하고 있습니다. 전북 동시 모임인 '동시랑'의 회원이기도 해요.

다문화 교육 연구를 하면서 느낀 점은 어떤 것인가요?

모든 사람의 존엄을 인정하는 인권의 개념으로 보면 다문화 학생은 복지의 대상이 아니라 동등한 위치에서 존중받아야할 우리 이웃입니다. '다문화'라는 좋은 의미의 용어가 '혼혈아'라는 차별적 의미로 쓰이는 것이 안타까우며, 상호문화(inter-cultural)라는 용어를 제안한 바 있습니다. 현재는 다문화 학생 교육적응 실태 프로젝트 연구 중에 있습니다.

선생님을 설명하는 세 가지 단어 꿈, 책, 사랑을 이야기해주세요.

1995년 9월 1일은 처음 선생님이 된 날이었습니다. 3학년을 맡았는데 첫날 아이들과 약속한 것이 있는데, 그것은 '꿈, 책, 사랑'입니다. 꿈을 가지고 살며, 책을 좋아하고, 나와 남을 사랑하자는 우리 반 약속이었죠.

먼저 교사의 꿈을 꾸게 한 박정숙 선생님. 잊지 못할 나의 선생님입니다. 1학년에 입학할 때 저는 위로 언니 둘에 장손인 오빠에 비해 눈에 띄는 구석이 하나도 없는 아이였습니다. 까맣고, 코를 많이 흘리고 눈물이 많아 툭하면 울던 아이였죠. 그런데 그때 박정숙 선생님을 만난 것입니다. 그때 선생님의 모습을 잊을 수가 없어요. 같은 반 친구가 더러운 웅덩이에 빠졌을 때 관사로 데려가 직접 물을 따뜻하게 데워 씻겨주고 더러운 옷을 빨아 입혀주던 그 모습이 아직도 가슴에 남아있어요. 선생님의 애정과 사랑이 지금의 나를 만들었다고 생각합니다.

선생님이 된 이후에는 또 다른 꿈을 꾸었습니다. 그것은 '참 좋은 선생님'이 되는 것이었고, 그러기위해 하고 싶은 국어교육 공부를 끝까지 하자는 목표를 갖게 되었습니다. 전주교대 교육대학원에서 석사학위를 받는데 5년이 걸렸습니다. 보통 3년이면 될 일이었지만, 중간에 결혼을 하고 아이를 둘이나 낳느라 휴학을 거듭하게 되어 시간이 오래 걸린 것입니다.

가장 힘들었던 날은 연년생 아들 둘을 한 아이는 아기 띠로 앞에 메고, 한 아이는 뒤에 업고 서서 이리저리 흔들어주며 컴퓨터로 대학원 과제를 할 때였습니다. 주말부부인데다 엄마는 장사하느라, 시댁어르신들은 마침 미국에 가 계신 때였어요. 밤에는 졸린데 두 아기가 다 울어서 양쪽으로 젖을 물리고 베개를 높이 쌓고 턱만 대고 울다 지쳐 잠든 적도 있었죠. '꿈'이 없었다면 그대로 포기하고 말았을 일이에요.

석사를 마친 후 아이들이 유치원에 다닐 때는 아이 키우는 데 전념하였습니다. 아이들이 초등 저학년을 마칠 때 쯤 전북대학교에 국어교육 박사과정이 신설되었고, 그 때도 큰 망설임 없이 꿈이 시키는 대로 박사과정에 입학하였습니다. 박사과정을 공부할 때는 학교일과 공부를 병행하는 일이 무척 힘겨웠어요.

학교의 배려로 일주일에 두 번 오후에 조금 일찍 퇴근하여 공부를 할 수 있었지만, 몸은 피곤하고 총체적 공부능력은 쉽게 생기지 않았습니다. 입학 초기부터 논문 주제를 정하고 조금씩 데이터를 모아 4년이 지난 2012년에 국어교육학 박사학위를 받게 되었지만 지금도 공부를 더 할 수만 있다면 또 주저하지 않고 시작할 것입니다.

'꿈'과 함께 나를 이끌어 가는 힘은 '책'입니다. 탐서주의자인 나는 햇볕이 잘 드는 집 하나를 장만해서 온 집안에 바닥부터 천정까지 닿는 책장을 들여놓고 좋아하는 책을 빼곡히 꽂아놓고 지낼 수 있으면 좋겠다고 생각해요. 그럴 수만 있다면 등에 볕을 받으며 종이와 활자 냄새를 맡으며 '스윅익' 하고 종이가 넘어가는 소리를 들으며 책을 읽고 또 읽고 싶어요.

책만 보는 바보 이덕무를 좋아하는 까닭도 바로 여기에 있습니다. 책 읽는 것을 좋아하다 보니 자연히 글 특히 시 쓰는 일도 좋아하게 되었어요. 대학 때 문학 동아리 '글바람'에서 활동하며 생활과 관련된 시를 습작하였습니다. 대작을 쓰지는 못해서 아직도 문단에 이름을 내밀지는 못했지만 여전히 시 쓰기를 계속하고 있어요.

최근에는 동시의 매력에 푹 빠져서 동시집을 읽고 동시 쓰기를 흉내 내고 있는데, 아무리 써보아도 동시는 나보다 아이들이 백배는 잘 쓰는 것 같아요. 생각할수록 시와 동시쓰기는 단지 멋진 말을 늘어놓는 것이 아니라 '진심어린 시인의 눈으로 우주를 보고, 아이의 호기심으로 사물을 탐구하며, 누가 읽어도 쉽고 공감할 수 있게' 쓰는 일인 것 같습니다. 안도현 시인의 말처럼 '우주가 불러주는 노래를 또박또박 받아 적는 사람'으로 살아야한다는 것이라고 생각합니다.

마지막으로 나를 이끌어 가는 큰 힘은 '사랑'입니다. 어린 시절 박정숙 선생님이 보여주신 사랑은 입에만 있는 사랑이 아니었습니다. 공부를 잘하거나 못하거나, 온순하고 모범적인 아이이거나 아니거나 모두를 똑같이 귀하게 여겨주시는 사랑이었습니다. 지금도 이 사랑을 어떻게 실천해야하나 매일 고민합니다. 지금 내 앞에 있는 아이들 한명 한명을 소중히 여기고 아이들의 목소리에 귀를 기울여 주는 일, 함께 울어주는 일, 힘없고 약하고 소외된 아이를 더 돌보는 것. 그것이 사랑이라고 생각합니다.

제가 지금까지 함께 울어준 아이는 인공와우 수술을 한 수정이(가명), 매일 나에게 손가락 욕을 하며 수업 시간 내내 소리를 지르고 뒹굴던 만수(가명), 눈이 사시여서 글자를 잘 못 읽던 봉수(가명), 급식비를 걷던 시절 6개월 급식비를 밀려 밤중에 도망치듯 전학 간 규리(가명), 베트남 엄마를 두어서 한국말을 잘 모른다고 놀림 받은 지연이(가명)……. 모두 다 힘없고 약하고 소외된 아이들이었습니다.

그 아이들을 맡아 가르치는 일은 힘든 일이었습니다. 나도 좀 편하게 모른 척하고 살고 싶었지만 그렇게 되지 않았어요. 그냥 '월급쟁이 선생'이어서는 진짜 '사랑'을 줄 수 없어요. 다문화 관련 연구와 한국어 교재개발, 새터민 초등학생용 교재개발 등을 지속적으로 하는 이유도 거기에 있습니다.

지금 나는 나를 이끌어가는 큰 힘 세 가지가 시키는 대로 꿈을 이루어가는 과정입니다. 책을 통해 세상을 변화시키는 희망을 발견하고 있습니다. 그리고 나아가서 '사랑'은 사람을 변화시킬 수 있는 유일한 힘임을 믿습니다.

앞으로의 꿈은 무엇인가요?

훗날 교단을 떠나는 날 '꿈과 책으로 사랑을 실천한 선생님'으로, 아름다운 뒷모습으로 남고 싶어요.

|에필로그|

꿈꾸는 아이, 꿈꾸는 선생님, 꿈꾸는 교실, 우리가 만들 세상입니다

문득 미국의 교육학자 에머슨(Emerson, Ralph Waldo)이 쓴 시가 생각납니다.

무엇이 성공인가

자주 그리고 많이 웃는 것
현명한 이에게서 존경을 받고
아이들에게서 사랑을 받는 것
정직한 비평가의 찬사를 듣고
친구의 배반을 참아내는 것
아름다움을 식별할 줄 알며
다른 사람에게서 최선의 것을 발견하는 것

건강한 아이를 낳든
한 뙈기의 정원을 가꾸든
사회 환경을 개선하든
자기가 태어나기 전보다
세상을 조금이라도 살기 좋은 곳으로
만들어 놓고 떠나는 것

자신이 한때 이곳에 살았음으로 해서
단 한 사람의 인생이라도 행복해지는 것

이것이 진정한 성공이다.

세 번째 책의 에필로그를 쓰려니 많은 생각이 머릿속을 지나갑니다. 책을 한 권 쓸 때마다 가진 에너지의 120%를 쏟아 부어야 합니다. 낮에는 아이들을 가르치고 저녁에는 자녀들을 돌보고, 밤에는 글을 쓰는 생활을 몇 달이고 책이 끝날 때까지 반복하는 것입니다. 그렇게 힘든 일을 도대체 왜 하는 거냐고 물어본 친구가 있었는데, 그때 1초도 생각하지 않고 이렇게 말했습니다.

"그게 내가 가장 좋아하는 일이고, 가장 잘 하는 일이야."

그 말을 하고 난 다음, 잠시 멍해졌습니다. 한 순간 깨달음처럼 왜 이 일을 계속 하려 하는지 문제의 본질을 보고 만 것입니다. 그것은 다른 무엇도 아니고, 그저 좋아하고 자신 있는 일을 할 때 '행복'하기 때문이었습니다. '행복'도 중독된다는 것을 느낀 순간이었습니다.

꿈을 이루는 원동력이 되는 것은 바로 이 '행복'입니다. 내가 남을 웃길 때 가장 행복하다는 개그맨, 사람들 앞에서 노래할 때 가장 행복하다는 소프라노, 스케이트화를 신고 빙판 위를 가로지를 때 가장 행복하다는 스케이터, 백성이 살기 좋은 세상을 보는 것이 가장 행복하다는 왕, 이들 모두가 행복하기 위해 노력하는 것입니다. 꿈은 바로 그럴 때 이루어지는 것이라는 것, 그것을 깨달은 순간이었습니다.

원고를 쓰는 내내 저 자신을 깊이 돌아볼 수 있었습니다. 자료를 조사하면서 훌륭한 인물들의 삶을 깊이 이해하게 되었고, 굳이 나보다 낮은 자를 위해서 몸을 숙이지 않아도 되는 이들이 가장 낮은 곳에서 가장 낮은 자세로 엎드려 사람을 섬기는 모습을 보았습니다. 삶을 통해 봉사와 헌신, 사랑을 보여준 이들을 보면서 저 자신을 깊이 반성했습니다.

꿈을 이루기 위해서 넘어지고 다치면서도 다시 일어나는 이들의 삶을 보면서 마음 깊이 감동하고 또 감동했습니다. 그래서 김연아 선수가 스케이트화 끈을 다시 동여매는 순간에도, 개그맨 김병만이 부러진 발목을 안 아픈 척 공중돌기를 하는 순간에도, 이태석 신부가 나병 환자의 신발을 만들어 신겨주는 순간에도, 세종이 훈민정음을 반포하는 순간에도 울었습니다.

교사이면서 꿈을 품고 노력하는 동료들의 삶 역시 저에게 많은 귀감을 안겨주었습니다. 끝까지 동요 부르는 선생님으로 늙어가고 싶다고 말한 이소연 선생님, 마법학교를 만들고 싶다고 한 김택수 선생님, 아이들이 즐겁게 공부하는 세상을 만들겠다고 한 이성근 선생님, 창의성 교육에 이십 년의 시간을 바친 한성범 교감선생님, 한국수석교사대표이신 한금식 선생님, 동시, 책, 그리고 국어교육을 넘어 다문화교육까지 나아간 임미성 선생님, 내가 아닌 남을 위해 그림 그리는 참쌤 김차명 선생님, 아이들의 심성을 어루만지는 서준호 선생님, 이들은 제가 마음 깊이 아끼는 이들이고, 한편으로는 존경하고 닮고 싶은 분들입니다. 이들과 같은 선생님들이 세상에 많아졌으면 좋겠습니다. 그래서 열정과 도전, 그리고 꿈을 품고 노력하는 선생님들을 우리 아이들이 대한민국 모든 교실에서 만났으면 좋겠습니다.

아아, 세상에 또 하나의 멘토링 시리즈가 탄생하는 순간입니다. 세 번째 멘토링 시리즈를 기다려주신 독자들에게 감사드리고, 믿고 책을 내도록 해준 "행복한 미래" 출판사에도 감사드립니다.

특히 이소연, 김택수, 이성근, 한금식, 임미성, 한성범, 김차명, 서준호 선생님, 다시 한 번 마음 깊이 감사합니다. 아무 대가없이 원고를 허락해

주신 선생님들께 이 책은 가장 많은 빚을 졌습니다. 뭐라 설명할 수 없을 만큼 감사합니다. 선생님의 삶이 책을 통해 누군가의 가슴에 꿈의 씨앗이 되었을 거라고 굳게 믿습니다. 선생님의 가정과 앞날에 행운이 있기를 기도합니다.

저의 두 번째 책 《기적의 수업멘토링》을 통해 '기적'이란 말을 배운 어린 딸 유진이, 판타지 작가가 꿈인 큰 딸 성연이, 사랑과 배려로 함께 하는 남편 임채산 선생님, 사랑하는 가족과 친구들, 그리고 꿈이 있는 모든 선생님들과 책을 함께 하고 싶습니다. 특별히 투병 중이신 아버지의 안녕과 건강을 기도하며 책을 마무리합니다.

언제나 힘을 부어주시는 나의 하나님, 저에게 글쓰기에 대한 소망을 주시고, 꿈을 품도록 하심에 늘 감사합니다. 이번에도 하나님의 도우심으로 책이 세상의 빛을 보게 되었습니다. 끝까지 포기하지 않고 마무리하게 하심에 진심으로, 감사합니다.

지난 달 세월호 참사가 있었습니다. 차가운 바다 속에서 수없이 많은 아이들과 교사가 죽었습니다. 아이들을 잘 돌보고 키워내는 역할을 우리 사회가 제대로 해내지 못하고 있음에 이 나라의 교사이고, 어른이라는 사실이 진심으로 부끄러웠습니다. 그 어떤 말로도 슬픔을 덜 수 없고, 부끄러움이 덜해지지 않음에 많은 좌절과 아픔을 느꼈습니다. 교사이고 엄마이기에 죽은 아이들을 생각할 때마다 여전히 가슴이 시리고 아픕니다.

아이들이 꿈을 품은 세상, 안전하고 행복하고 건강하게 자라는 사회,

그런 아이들을 지켜내는 대한민국이 되었으면 좋겠습니다. 이 땅의 모든 아이들을 위해 좋은 어른이 그리고 좋은 교사가 많아지길 아주 간절하게 소망합니다.

세월호의 모든 아이들과 교사들에게 이 책을 바칩니다.

2014년 5월 20일,
꿈꾸는 아이, 꿈꾸는 선생님, 꿈꾸는 교실을 꿈꾸며,

성효샘 씀

행복한 교육학®

'함께하는 교육, 100년의 약속'을 위한
행복 교육 프로젝트

No.01 김성효 글 | 홍종남 기획

학급경영 멘토링

No.02 김성효 글 | 홍종남 기획

기적의 수업 멘토링

No.03 이경원 글 | 홍종남 기획

교육과정 콘서트

No.04 김성효 글 | 홍종남 기획

행복한
진로교육 멘토링

No.05 이성대 외 글 | 홍종남 기획

프로젝트 수업,
교육과정을 만나다

No.06 이성대 글 | 홍종남 기획

혁신학교,
행복한 배움을 꿈꾸다

No.07 정민수 글 | 홍종남 기획

수업도시락,
성찰과 협력을 담다

No.08 조정래 글 | 홍종남 기획

스토리텔링 교육의
모든 것

No.09 최무연 글 | 홍종남 기획

나는 수업하러
학교에 간다

No.10 정민수 글 | 홍종남 기획

수업성숙도,
교사의 강점을 담다

No.11 이현정 외 글 | 홍종남 기획

프로젝트 수업,
배움을 디자인하다

No.12 김진수 글 | 홍종남 기획

행복한 수업을 위한
독서교육 콘서트

행복한 교육학®

'함께하는 교육, 100년의 약속'을 위한 행복 교육 프로젝트

o.13 이성대 글

움이 없는 학교,
레임을 바꿔라

No.14 최무연 글 | 홍종남 기획

수업은 기획이다

No.15 정선아 글 | 홍종남 기획

교사는 아이들과 함께
성장한다

No.16 하건예 글 | 홍종남 기획

교사, 교육전문가로
성장하다

o.17 이경원 글 | 홍종남 기획

사의 탄생

No.18 심경훈 글 | 홍종남 기획

토의토론수업,
배움을 디자인하다

No.19 최무연 글 | 홍종남 기획

교육과정 문해력,
배움을 디자인하다

No.20 김진수 글 | 홍종남 기획

교사가 성장하면,
수업도 성장한다

o.21 김경희 글 | 홍종남 기획

사에게는
자가 있다

No.22 엄주하 글 | 홍종남 기획

학교 속의 힐링캠프,
보건교사 사용설명서

행복한미래
함께하는 교육, 100년의 약속